Christa Spilling-Nöker
Von einem Engel zart berührt
Geschichten, Gedichte und Meditationen
zur Weihnachtszeit

Christa Spilling-Nöker

Von einem Engel zart berührt

Geschichten, Gedichte und
Meditationen zur Weihnachtszeit

Quell

Bildnachweis
Nach Seite 24: Seraphim, Kathedrale von St. Petrus in Cefalù, Sizilien
© Ewald Stark; *nach Seite 48:* Holzschnitt von Azariah Mbatha,
Ethnologisches Museum St. Augustin bei Bonn © Wim van der Kal-
len; *nach Seite 72:* Paul Klee, Engel noch tastend, Foto AKG-Berlin
© VG Bild-Kunst, Bonn 1998; *nach Seite 96:* Athos / Kloster
Karakaloù © Ewald Stark; *nach Seite 120:* Engel der Kathedrale von
Chartres © Ewald Stark; *nach Seite 132:* Engel im Kloster Ambo
Bola, Ägypten © Ewald Stark.

Die Deutsche Bibliothek – CIP-Einheitsaufnahme

Spilling-Nöker, Christa:
Von einem Engel zart berührt: Geschichten, Gedichte und
Meditationen zur Weihnachtszeit / Christa Spilling-Nöker. –
3. Aufl. – Gütersloh: Quell, 2001
ISBN 3-579-03372-7

ISBN 3-579-03372-7
3. Auflage 2001
© Quell / Gütersloher Verlagshaus, Gütersloh 1998

Umschlagmotiv: Detail von Jaques Darets »Geburt Christi«,
© Hans Hinz, Artothek
Umschlaggestaltung: Kaselow Design
Gesamtherstellung: Maisch & Queck, Gerlingen
Gedruckt auf chlorfrei gebleichtem Werkdruckpapier
Printed in Germany

Inhalt

Vorwort

»WAS WÜNSCHST DU DIR DENN dieses Jahr zu Weihnachten?« So werden wir in den Wochen vor Weihnachten oft gefragt, von Verwandten, von Freunden und Freundinnen.

Weihnachten ist die Zeit des Wünschens und Schenkens. Wir freuen uns, wenn wir auf dem Gabentisch ein schön gestaltetes Geschenk finden, das uns, wenn es ausgepackt ist, spüren läßt: jemand hat einen Wunsch von uns wahrgenommen.

Dennoch frage ich mich, ob wir uns in der Weihnachtszeit im Grunde nicht oft noch nach etwas ganz anderem sehnen als nach der Erfüllung eines materiellen Wunsches. Träumen wir nicht von etwas Geheimnisvollem, das unser Leben von Grund auf verwandelt und erneuert, wünschen wir uns nicht, daß Verletzungen und Wunden vergangener Jahre heilen, daß Schuld vergeben wird und unser Leben für die Zukunft ganz neue Perspektiven gewinnt?

Vielleicht ist das, in religiöser Sprache ausgedrückt, die Sehnsucht danach, daß uns ein Engel zart berührt – ohne Heiligenschein um den Kopf, sondern als konkrete Erfahrung, daß es Rettung und Richtungsweisen für unser Leben gibt, gerade dann, wenn wir nicht mehr aus noch ein wissen und die Orientierung für unser Leben verloren haben.

Engel können uns auf die unterschiedlichste Art und Weise begegnen: in einem Menschen, der es gut mit uns meint, der uns seine Hand stärkend in den Rücken legt, uns tröstet und aufrichtet, oder der gerade zur rechten Zeit das richtige Wort sagt, das uns ermutigt aufzubrechen und unser Problem noch einmal von einer ganz anderen Seite anzupacken.

Engel können uns begegnen in unseren Träumen, in denen wir ganz tief in uns wahrnehmen, wo unsere Möglichkeiten in der eigenen Seele verborgen liegen. Aus ihnen können uns die nötigen Kräfte zuwachsen, um uns mit unserem Leben neu einzurichten und unsere Handlungen entsprechend auszurichten.

Engel können uns darin begegnen, daß etwas geschieht, was uns zwingt, unsere bisherige Haltung dem Leben gegenüber grundsätzlich zu überdenken. So gesehen können selbst Krisen die Chance in sich bergen, eingefahrene Gleise zu verlassen und andere Wege zu beschreiten.

Engel haben es immer damit zu tun, daß Leben in Bewegung kommt, daß Wandlung und Erneuerung geschieht, damit wir innerlich heil werden und Frieden finden – mit anderen und mit uns selbst.

> Ich wünsche dir,
> daß ein Engel vor dir hergeht,
> leise und licht,
> daß du seine Spuren wahrnehmen kannst,
> damit deine Schritte leicht werden
> und ihr Ziel nicht verfehlen,
> damit alles in dir wieder hell wird
> und heil.

Ettlingen, im September 1998
Christa Spilling-Nöker

Advent

ADVENT – das heißt:
Wachsam sein und erwarten,
daß etwas Neues geschieht,
Begegnung stattfindet,
die das Herz berührt
und das Leben von innen her
verwandelt.

Advent – das heißt
Zukunft steht offen,
auch jenseits der Tränen
wird liebendes Lächeln möglich
und durch Schmerzen hindurch
kann neue Hoffnung
geboren werden.

Advent – das heißt:
Heil ist nahe.
Trotz aller Zerrissenheit
in Herz und Seele
wird Ganzheit erwachsen,
die Erfüllung verspricht.

Weihnachten liegt in der Luft

WEIHNACHTEN liegt in der Luft,
Kerzenglanz und Tannenduft,
Mandeln, Zimt und Marzipan
regen Leib und Seele an,
diese Zeit mit allen Sinnen
frohen Herzens zu beginnen.
Lichter an den Weihnachtsbäumen
lassen deine Sehnsucht träumen.
Auf geheimnisvolle Weise
spürst du in der Tiefe leise,
daß sich wieder Hoffnung regt,
die zur Wandlung hin bewegt:
neue Zukunft, neues Leben
wird in Fülle dir gegeben.

Mandeln, Zimt und Marzipan

»HM, RIECHT DAS HIER GUT!« Mit Schwung warf Birgit ihren Rucksack in die Ecke und stürmte in die Küche. »Was gibt das Gutes?« fragte sie und hatte den Finger schon in der Teigschüssel.

»Morgen ist der erste Advent, da sollten wir vielleicht eine Schüssel voll frischer Weihnachtsplätzchen haben«, lachte die Mutter. »Geh und wasch dir die Hände, dann kannst du mir helfen, wenn du Lust hast.«

»Au, fein, bin gleich wieder da«, rief Birgit und verschwand im Bad. Kurze Zeit darauf tauchte sie wieder in der Küche auf, band sich erstaunlicherweise freiwillig eine Schürze um und betrachtete hungrig die Vanillekipferl im Backofen, die dabei waren, eine goldgelbe Farbe anzunehmen. »Warum backt man eigentlich zu Weihnachten so viele Plätzchen mit Honig, Mandeln, Marzipan und allen möglichen Gewürzen, so ganz anders als sonst im Jahr?« wollte sie wissen.

»Da gibt es eine alte Legende«, erzählte die Mutter, während sie Puderzucker, Eigelb und Marzipan zu Makronenmasse verrührte. »Als die Hirten den Stern von Bethlehem gesehen und die Botschaft der Engel gehört hatten, brachen sie unvermittelt auf, um das Wunder im Stall zu sehen. Dabei hatten sie völlig vergessen, daß sie Brot im Ofen hatten. Als sie zurückkehrten, fürchteten sie, daß das Brot völlig verkohlt sei. Dem war aber nicht so. Als sie den Ofen öffneten, strömte ihnen zu ihrer Überraschung ein herrlicher Duft entgegen. Sie probierten das dunkle Brot, das keinesfalls verbrannt war, im Gegenteil: es war von einer ungeahnten Süße und Würze. Sie gaben davon auch all ihren Freunden und Verwandten. Damit jeder von den vielen Leuten ein Stück bekommen konnte, brachen sie es in viele kleine Stücke. Zur Erinnerung an dieses Wunder haben sie dann jedes Jahr zu Weihnachten solche kleinen, leckeren Honigkuchen gebacken, äußerlich dunkel wie das Ereignis im Stall von Bethlehem, aber von nie gekannter Süße und dem köstlichsten Aroma.«

»Super, was du alles weißt!« Birgit war sichtlich beeindruckt. »Aber du backst doch nicht nur Vanillekipferl, obwohl die schon sehr verlockend riechen.« Am liebsten hätte sie gleich eines vom Blech stibitzt, das die Mutter gerade aus dem Ofen gezogen hatte.

»Warte noch mit dem Probieren, bis sie abgekühlt sind, dann entfalten sie ihren Geschmack besser«, riet die Mutter, die den Eifer ihrer Tochter diesbezüglich kannte.

»Was rührst du denn jetzt gerade an?« war auch schon die nächste Frage.

»Das gibt Lebkuchen«, erklärte die Mutter, den Teig kannst du gleich auf die Oblaten streichen. Aber die müssen noch über Nacht trocknen, bevor wir sie morgen früh in den Ofen schieben. Du wirst sehen, dann duftet das ganze Haus nach Weihnachten«, ermunterte sie ihre Tochter.

»Lebkuchen, was heißt das denn, machen die, daß man länger lebt?« Birgit war jetzt neugierig geworden.

»So kann man es sagen«, erwiderte die Mutter fröhlich. »Das Wort ›leb‹ kommt aus dem Althochdeutschen und heißt so viel wie: ›Heil-oder Arzneimittel‹. Früher hat man in den Klostergärten Heilkräuter angepflanzt. Aber anstatt aus deren Blüten oder Saft Medikamente in Form von Tropfen oder Tabletten anzufertigen, hat man daraus Gebäck hergestellt. Zu Weihnachten hat man natürlich nur die Kräuter ausgesucht, die am besten schmecken. Die hat man dann zu einer Art Heilgebäck, eben ›Lebkuchen‹ verarbeitet, als Arznei für die Kranken. Diese Kuchen sollen natürlich auch daran erinnern, daß Jesus in erster Linie für die Kranken gekommen ist und nicht für die Gesunden.«

Aber ihre Tochter hatte den letzten Satz schon gar nicht mehr gehört. »Wenn ich davon morgen drei Stück esse, gehen dann meine Halsschmerzen weg?« fragte sie mit einem sehnsüchtigen Blick auf die mit Eiweiß vermischte Nuß- und Mandelmasse, die, mit Lebkuchengewürz, fein gehacktem Zitronat und Orangeat durchmischt, schon ungebacken außerordentlich gut schmeckte.

»Hast du Halsweh?« fragte die Mutter besorgt.

»War ja nur so eine Frage«, wich Birgit aus. Ich wollte ja nur mal testen, ob das hinhaut mit dem Heilmittel.«

»Paß auf, daß du nach zu viel Lebkuchen nicht plötzlich Bauchweh bekommst. Dann ist die ganze Wirkung dahin.« Die Mutter mußte lachen.

»Backen wir auch Pfefferkuchen?« wollte Birgit wissen.

»Lebkuchen und Pfefferkuchen sind eigentlich das Gleiche«, erwiderte die Mutter. Im Hochmittelalter begann der Gewürzhandel mit dem Morgenland. Da der Pfeffer besonders teuer und begehrt war, hat man alle Gewürze aus dem Osten als ›Pfeffer‹ bezeichnet. Und da von jeher zu Weihnachten nur das Beste auf den Tisch kam, hat man das auf besondere Art gewürzte Weihnachtsgebäck eben als ›Pfefferkuchen‹ bezeichnet.«

»Aber Pfeffernüsse gibt es doch auch.« Birgit blieb hartnäckig.

»Da kommt außer Anis wirklich richtiger Pfeffer dran. Als ich die das erste Mal gebacken habe, hatte ich auch Sorge, was da wohl aus dem Ofen käme, aber ihr habt sie alle aufgegessen. Die kannst du in der nächsten Woche mal alleine backen, Birgit.«

»Mach ich, wenn du mir das Rezept dazu gibst. Kann Anna mitmachen?« Der Eifer der Zwölfjährigen war kaum noch zu bremsen. Anna war ihre beste Freundin, und es war ein ungeschriebenes Gesetz zwischen den beiden, daß man alles Schöne miteinander teilt.

»Einverstanden«, meinte die Mutter, die froh war, daß Birgit in der neuen Klasse so schnell eine gute Freundin gefunden hatte.

»Aber noch mal zurück zu den Lebkuchen. Liegt da noch irgendwo die Tüte mit dem Lebkuchengewürz?«

»Ja, hier, hinter dem Schneebesen.«

»Sieh mal bitte nach, wie viele Gewürze da aufgeführt sind.«

»Anis, Zimt, Koriander…, elf zähle ich.«

»Ach, es ist alles nicht mehr so, wie es früher mal war«, seufzte die Mutter.

»Wieso, was ist denn da falsch dran mit den elf Gewürzen?«

»Ursprünglich waren es sieben oder neun Gewürze«, erwiderte die Mutter. »Die Zahl ›sieben‹ erinnert an die Vollendung, die Gott der Welt in sieben Schöpfungstagen gab.«

»Das leuchtet ein«, erwiderte Birgit, den Mund jetzt voll mit Nußhörnchen, »deshalb ist es gesund, jeden Tag Lebkuchen zu essen ... hm, lecker«, lobte sie im gleichen Atemzug die Backkunst der Mutter.

»Ja, so ungefähr. Jeder Tag unseres Lebens soll ein gesegneter Tag sein.«

»Und was hat es mit der ›neun‹ auf sich?«

»Die ›drei‹ gilt als Zahl göttlicher Vollendung ...«

»Gott Vater, Sohn und Heiliger Geist«, fiel ihr Birgit ins Wort.

»Genau, und die drei mit sich selbst multipliziert ist dann die Zahl höchster Vollendung. Nicht nur die Lebkuchen, die du da gerade fertiggestellt hast«, die Mutter nickte ihrer Tochter anerkennend zu, »sondern auch das Früchtebrot enthält neun Zutaten.«

»Backen wir das auch noch?« fragte Birgit sehnsuchtsvoll.«

»In diesem Jahr will ich stattdessen mal einen Christstollen backen«, meinte die Mutter.

»Hat der auch eine Bedeutung?«

»In das Tuch aus Teig werden ja Rosinen, Mandeln und Marzipan, also allerlei süße Sachen gewickelt. Das soll an das in Windeln gewickelte Jesuskind erinnern. Aber den Stollen backen wir heute noch nicht. Jetzt wollen wir erst einmal ein paar Spekulatius herstellen. Gibst du mir mal bitte die Holzmodel 'rüber?«

»Spekulatius, komischer Name. Hat das was damit zu tun, daß man spekulieren muß, wie viele Gewürze da drin sind?«

»Nein«, die Mutter mußte erneut lachen. »Was ist denn los mit dir? So kenne ich dich ja gar nicht. Dein Wissensdurst ist ja unersättlich.«

»Nun sag schon«, flehte Birgit.

»Spekulatius heißt eigentlich Aufseher, es ist die lateinische Bezeichnung für Bischof.«

»Dann backen wir jetzt kleine Bischöfe?« Gedankenverloren betrachtete Birgit die Figuren auf den Holzmodel.

»So ungefähr«, schmunzelte die Mutter. »Die Bilder erzählen die Geschichte von Bischof Nikolaus von Myra, der vielen Menschen aus ihrer Not geholfen hat. Auch dazu gibt es eine Legende. Die Einwohner der Stadt Myra waren dem Hungertod nahe und sehnten die lebensrettenden ägyptischen Getreideschiffe herbei. Doch kurz bevor diese in den Hafen einlaufen konnten, stoppten Piraten mit schnellen Booten die Zufahrt der Schiffe und verlangten, daß die Einwohner ihre Boote mit Gold füllen sollten. Aber alle Halsketten und Ringe reichten nicht, die Boote wurden beim besten Willen nicht voll. Da forderte der Anführer der Seeräuber, daß für jedes fehlende Pfund Gold ein Kind hergegeben werden sollte, das sie als Sklaven verkaufen wollten. Du kannst dir vorstellen, wie entsetzt die Menschen, vor allem die Mütter, waren. In letzter Minute, als die Kinder schon im Hafen zusammengetrieben worden waren, brachte Bischof Nikolaus das kostbare schwere Kirchengerät aus der Kathedrale zu den Schiffen und rettete damit den Kindern das Leben. Zur Erinnerung an diesen Bischof Nikolaus feiern wir an dessen Todestag den Nikolaustag, aber das weißt du ja.«

»Dann gibt es in diesem Jahr Spekulatius zum Nikolaustag?« Birgit war enttäuscht. »Ich hatte ja eigentlich gehofft, daß ich die neueste CD von meiner Lieblingband vom Nikolaus kriege.« Es konnte nicht schaden, die Mutter so kurz vor dem 6. Dezember noch einmal an ihren Wunsch zu erinnern.

»Verwöhnte Jugend«, seufzte die Mutter. »Zu meiner Zeit gab es Äpfel, Apfelsinen, Schokolade und Nüsse in den Stiefel. Übrigens galten Nüsse früher auch als Sinnbild für Gottes Wort. In einer rauhen, hölzernen Schale ist ein köstlicher Kern verborgen. Es gilt, im Leben die harte Schale zu durchdringen, um an den süßen Kern zu gelangen. Du kennst doch das Sprichwort: ›Gott gibt die Nüsse, aber aufknacken muß man sie selber‹.«

»Das könnte man von meinen Matheaufgaben für die Klassenarbeit am Montag auch behaupten«, stöhnte Birgit.

»Du mußt noch Mathe üben? Dann ab durch die Mitte, den Rest schaffe ich hier schon allein.«

»Kann ich heute Abend oder morgen noch machen, was bedeuten denn die Förmchen hier«, versuchte Birgit die Mutter abzulenken.

»Kannst du dir selbst überlegen«, warf die Mutter ein.

»Klar, Sterne stehen für den Stern von Bethlehem. Backen wir noch Zimtsterne? Die kann ich ausstechen und mit Zuckerguß bestreichen.«

»Und die Hälfte vom Teig vorher naschen, ich kenne dich. Nein, die backen wir erst kurz vor Weihnachten.«

»Engel sollen an die Verkündigung der Weihnachtsbotschaft erinnern, richtig?« fuhr Birgit fort. »Süßer die Glocken nie klingen…« Birgit hielt die Glockenform in der Hand.

»Die Weihnachtsglocken sollen den Frieden einläuten«, sagte die Mutter ernst, »wenn das Wunder doch wirklich geschehen würde, daß überall auf der Welt Frieden wäre.«

»Und die Brezelform, was soll die?«

»Die erinnert an Mönche, die ihre Arme gekreuzt in die Kutten gesteckt haben, zugleich auch an die zusammengebundenen Hände Jesu am Karfreitag.«

»Das ist mir jetzt zu ernst. Übrigens, die Makronen sind vielleicht lecker. Sind auch schon abgekühlt«, erwiderte sie den vorwurfsvollen Blick der Mutter. »Erzähl mir lieber, was es mit dem Marzipan auf sich hat.«

»Genau weiß man nicht, wo diese Bezeichnung herkommt. Die Venezianer prägten im Mittelalter eine Münze, die sie ›matapan‹ nannten. Mit dem gleichen Begriff wurde eine Kiste mit einem Rauminhalt von $^1/_{10}$ Scheffel benannt. In solchen Kisten wurde das ›marzapane‹ in den Handel gebracht. In Deutschland wurde es dann bald, weil es aus Venedig stammt, volkstümlich als marci panis bezeichnet, als Brot des Heiligen Markus, der dort begraben liegt. Du erinnerst dich doch noch an den Markusplatz vom Taubenfüttern im letzten Urlaub, oder?«

»Klar doch. Jetzt brummt mir aber allmählich der Schädel.«

»Solange dir inzwischen nicht der Bauch wehtut, geht es ja noch«, meinte die Mutter trocken mit einem Seitenblick auf den schon erheblich reduzierten Makronenteller.

»Da habe ich in der nächsten Woche in der Schule aber was zu erzählen. Wir wollen am Donnerstag in der Schulküche auch Plätzchen backen«, fügte sie eifrig hinzu. Vielleicht kriege ich dann in Reli doch noch eine

Eins, nachdem ich neulich zwei Mal geschwänzt habe.«

»Was höre ich da?«

Birgit wurde rot. Sie ärgerte sich, daß ihr das mit dem Schwänzen herausgerutscht war.

»Nicht böse sein, Mami, es war so ein gemütlicher Nachmittag, ich mache auch den Abwasch ganz alleine.«

»Reumütigen Büßern soll man nicht im Wege stehen«, meinte die Mutter und zog sich aus dem Schlachtfeld von klebrigen Schüsseln, Pinseln, Nudelhölzern, Meßbechern und Backförmchen zurück.

»Da kann ich ja in Ruhe den Adventskranz binden«, lachte sie fröhlich. »Schließlich wollen wir ja morgen Nachmittag die erste Adventskerze anzünden und einige von den Plätzchen knabbern, die du noch übrig gelassen hast.«

Das erste Licht

WIR ZÜNDEN HEUTE
die erste Adventskerze an.
Die Dunkelheit hat jetzt
ihr Ende gefunden.
Alles um uns herum erscheint
– schemenhaft noch –
in neuem Licht.
Der erste Glanz
weihnachtlicher Fülle
läßt uns heute schon
leise erahnen,
daß in unserer Mitte
überraschend Neues
Gestalt gewinnt.
Wir haben vom Leben
noch etwas
zu erwarten.

Adventsmeditation

ICH MÖCHTE DICH EINLADEN, dich bequem auf einen Stuhl oder in einen Sessel zu setzen. Atme die Last des vergangenen Tages aus und entspanne dich. Wenn dir Musik dabei hilft, dann lege eine deiner Lieblingsplatten auf und zünde dir eine Kerze an. Wenn du dich nach einiger Zeit so richtig wohl in dir selbst fühlst, dann lege ein weißes Blatt Papier vor dich hin, dazu einen Stift und schreibe als Überschrift:

Was ich unbedingt tun würde, wenn ich nur noch kurze Zeit zu leben hätte.

Schließe deine Augen und lasse zu dieser Frage deine Phantasien, Wünsche, Sehnsüchte und Gedanken kommen.
Schreibe dann auf, was dir einfällt.
Überlege im Anschluß daran, was dir das Wichtigste davon ist. Und das tue.

Möchtest du dich mit jemandem aussprechen und versöhnen, mit dem du in Streit bist, oder einem Menschen sagen, wie wichtig er für dich war oder ist, dann schreibe ihm einen Brief. Oder rufe ihn an. Heute noch.

Träumst du von einer großen Reise, die du schon so lange aufgeschoben hast, dann beginne, sie zu planen, für sie zu sparen, alles in die Wege zu leiten, was dich der Verwirklichung deines Wunsches ein Stück näher bringt. Heute noch.

Niemand wird dir wünschen, daß die fiktive Situation eintritt. Mögest du alt und grau werden und bis dahin noch viele gesunde und glückliche Lebensjahre vor dir haben. Aber irgendwann einmal wird diese Situation Wirklichkeit. Irgendwann einmal neigt sich das Leben dem Ende zu. Und was wäre, wenn du dann feststellen müßtest, daß du Wesentliches in deinem Leben versäumt hast, daß Menschen, denen du noch etwas zu sagen gehabt hättest oder mit denen noch etwas zu klären gewesen wäre, vielleicht schon selbst verstorben sind? Wieviel Enttäuschung und Trauer müßtest du dann verkraften?!

Deshalb nutze den heutigen Tag, jetzt, wo du noch frisch bei Kräften bist, dein Leben zu bedenken, deine Sehnsüchte wahrzunehmen, zu spüren, was jetzt im Augenblick bedacht, getan, verändert werden will.

Du fragst, was diese ganze Übung mit Advent und Weihnachten zu tun hat? Die Adventszeit ist ursprünglich nicht Konsumzeit, sondern Bußzeit: Zeit der Umkehr, mit anderen Worten: Zeit der Besinnung darüber, was in der Vergangenheit im eigenen Leben schief gelaufen ist, was man im Umgang mit sich selbst und mit anderen Menschen in Zukunft besser machen kann. Sich hin und wieder einmal diese Fragen zu stellen, ist natürlich nicht auf die Adventszeit begrenzt. Aber vielleicht lohnt es sich gerade in diesen dunklen Wochen, sich von Zeit zu Zeit einmal aus der Glitzerwelt der Kaufhäuser und der ermüdenden Suche nach Geschenken zurückzuziehen und es wirklich *Stille Nacht* werden zu lassen. Vielleicht gestaltet sich dadurch ein Brief, ein offenes Gespräch, ein versöhnendes Wort, das den, den es erreicht, tiefer anrührt als ein hastig gekauftes Geschenk. Und wenn du dir selbst etwas von dem gönnst, was du dir vielleicht schon so lange schuldig geblieben bist und du dadurch plötzlich neu auflebst und lebendig wirst, dann wird diese Weihnacht für dich wirklich zu einer fröhlichen, gnadenbringenden Weihnachtszeit.

Zur Wandlung befreit

NICHT MEHR
einem inneren Zwang
gehorchend
davonlaufen müssen
sondern sich stellen können –
keine Fluchtwege mehr
dafür Heimat finden –
anstelle des ewigen
sich Herausredenmüssens
wahrhaftig sein dürfen –
der ständigen Selbsttäuschung
die Maske entreißen –
sich selbst entdecken
im Licht des Engels,
der zur Wandlung
befreit.

Aufregung um den Nikolaus

IN DIESEM JAHR war alles anders, als in den vergangenen Jahren. Das lag daran, daß sie die Mutter vor drei
Wochen ins Krankenhaus gebracht hatten. Der Vater
hatte ein sorgenvolles Gesicht gemacht und gesagt, daß
sie jetzt alle sehr tapfer sein müßten. Anne und Sebastian hatten dann auch versucht, die Tränen hinunter-
zuschlucken, was aber doch nicht ganz gelungen war.
Die Operation war aber besser verlaufen als erwartet,
und die Mutter hoffte, spätestens zu Weihnachten aus
dem Krankenhaus zu kommen und wieder bei ihrer
Familie zu sein. Mehrere Nachbarsfamilien hatte sich
angeboten, die Kleinen aus dem Kindergarten abzuho-
len und zu betreuen, bis der Vater abends nach Hause
kam. Insofern war für das Notwendigste gesorgt.
Der Vater hatte am ersten Advent eine Kerze angezündet und eine große Tüte mit Pfeffernüssen auf den
bunten Teller geschüttet. Jeden Abend las er ihnen eine
Geschichte vor. Dennoch: es war eben nicht wie sonst.
Es fehlte der Duft nach Tannen und der Geruch nach
selbstgebackenen Lebkuchen, es fehlte das Sterneba-
steln am Abend und das Adventsliedersingen, es fehlte
der Bummel durch die mit Lichterketten geschmückte
Stadt und durch die weihnachtlichen Auslagen in den
Geschäften. Das alles wäre ja noch zu verkraften gewesen, weil jetzt eben gute Hoffnung bestand, daß die
Mutter wieder ganz gesund werden würde. Ein Er-
wachsener kann sich in solch einer Situation damit trösten, daß im nächsten Jahr alles wieder wie immer sein
wird, aber wenn man erst vier und sechs Jahre alt ist,

kann man nicht ein Jahr im Voraus denken, da muten einen ja schon die vier Wochen vor Weihnachten wie eine Ewigkeit an.

»Vielleicht bringt uns der Nikolaus in diesem Jahr etwas besonders Tolles«, versuchte die vierjährige Anne sich und ihren großen Bruder zu trösten, als der völlig niedergeschlagen am Fenster saß und den ersten Schneeflocken zusah, die vom Himmel taumelten und den Vorgarten wie mit weißem Flaum bedeckten.

»Vielleicht«, brummte der. Im vergangenen Jahr hatte die Mutter ihre Kinder angesichts der ersten Schneeflocken gepackt und war mit ihnen auf den Weihnachtsmarkt gefahren. Die Musik, die vielen Lichter, die heißen Bratäpfel im Schnee, das alles war wunderschön gewesen.

»Ich putze meine Schuhe heute besonders ordentlich.« Anne war inzwischen eifrig damit beschäftigt, dunkelbraune Schuhcreme auf dem Parkettfußboden zu verteilen.

»Paß auf, der Vater kommt gleich«, ließ Sebastian sich vernehmen. Kurz bevor der Vater nach Hause kam, mußte die Nachbarin, die diese Woche für sie sorgte, zu ihrer Nachtschicht im Pflegeheim; sie brachte die Kinder dann in deren Wohnung, wo sie so etwa eine halbe Stunde lang allein waren.

Sebastian wußte nicht so recht, ob er noch an die Existenz eines Nikolauses glauben sollte. In der Stadt liefen so viele Nikoläuse und Weihnachtsmänner herum, die irgendwelche Bonbons an die Kinder und Parfumproben an deren Mütter verteilten. Im Kindergarten vertraten die meisten der anderen Kinder die Meinung, daß die Nikoläuse verkleidete Opas, Onkels oder Väter wären. Aber sicherheitshalber stellte er an diesem Abend seine neuen Halbschuhe auch vor die Tür. Man konnte ja nie wissen.

Anne hatte sich fest vorgenommen, in dieser Nacht wach zu bleiben und den Nikolaus gewissermaßen auf frischer Tat zu ertappen, war dann aber schon während der Geschichte eingeschlafen, die der Vater ihnen vorgelesen hatte. Aber am nächsten Morgen war sie die erste, die mit Schwung aus dem Bett stürzte und vor die Tür eilte. Dann durchzog ein lauter Aufschrei das Haus und eine tränenüberströmte Anne stand im Kinderzimmer. Sie zog Sebastian die Decke weg, die der sich bei ihrem Gebrüll gerade über die Ohren gezogen hatte. »Nichts«, rief sie verzweifelt, »nicht einmal eine Tüte Schokoladenbonbons.« Das war zuviel. Die Mutter im Krankenhaus, das langweilige Essen bei der Nachbarin, kein Basteln und kein Singen mit der Mutter, und jetzt nicht einmal eine vorweihnachtliche Überraschung im Schuh. Der Vater wischte ihr rasch die Tränen vom Gesicht und bemerkte beiläufig, daß der Tag ja noch nicht zu Ende sei. Dann mußte alles schnell gehen wie jeden Morgen: Waschen, Zähneputzen, Anziehen, Frühstücken; der Vater hatte nicht viel Zeit, die beiden auf dem Weg in sein Büro im Kindergarten abzuliefern.

Es war trostlos. Alle Kinder erzählten von ihren Geschenken im Schuh, zeigten einander Spielzeug und ließen Tüten mit Naschwerk herumgehen. Anne und Sebastian mochten von den anderen Kindern nichts annehmen, weil sie selbst nichts anzubieten hatten. Die Erzieherin, der Anne das häusliche Elend vorgeweint hatte, besorgte schnell zwei Schokoladenweihnachtsmänner aus dem gegenüberliegenden Bäckerladen, aber das war eben doch kein Ersatz für die ausgebliebene nächtliche Überraschung.

Am Abend saßen beide Kinder am Fenster und sahen in das heftige Schneegestöber hinaus. Die Nachbarin war mit ihnen Schlitten gefahren, das hatte sie wenigstens für eine Weile auf andere Gedanken gebracht.

Plötzlich ging die Türglocke. »Wir dürfen nicht aufmachen, wenn wir allein sind«, rief Sebastian seiner kleinen Schwester nach, die aber hatte die Tür bereits weit aufgerissen.

»Ich suche zwei ganz liebe Kinder, die Anne und den Sebastian, wohnen die hier?« ertönte eine dunkle Stimme.

Anne konnte ihr Glück kaum fassen. Jetzt kam der Nikolaus doch noch, nicht nur heimlich, in der Nacht, nein, zu ihnen kam er sogar persönlich. Ob er das mit Mutters Krankheit wohl wußte? Aber schon griff der Nikolaus in seinen großen Sack und beförderte eine wundervolle Puppe hervor. Doch just in dem Augenblick, als Anne selig ihre Hände nach der Puppe ausstreckte, kam Sebastian in den Flur gestürmt.

»Nicht, Anne, wer weiß, ob der Nikolaus echt ist«, rief er verzweifelt und versuchte, den Mann aus der Tür hinaus zu drängen.

Er hatte am Vormittag im Kindergarten das Gespräch zwischen zwei Erzieherinnen belauscht. »Es ist nicht zu glauben«, hatte Corinna gesagt, »da läuft in unserer Stadt ein Einbrecher in Nikolausverkleidung herum, der Wohnungen ausspioniert, in denen Kinder allein sind und sich mit seinem Tarnmantel Zutritt zu diesen Wohnungen verschafft. Man müßte die Kinder warnen, hatte sie noch gemeint. Aber Margret, die ältere, hatte geantwortet, daß man die Kinder mit solcher Information nur erschrecken würde.

Und jetzt stand dieser wildfremde Mann in ihrer Wohnung, wer weiß, ob das der Einbrecher war. Anne hatte inzwischen zu schreien begonnen, weil sie die Puppe wollte, als es erneut klingelte. Wenn jetzt Besuch kommt, sind wir nicht mehr allein diesem Fremden ausgeliefert, dachte Sebastian erleichtert. Dieses Mal war er es, der die Tür weit aufriß. Aber was da in der Tür erschien, ließ ihn weiche Knie kriegen. Da stand ein zweiter ausgewachsener Nikolaus mit Sack und Bart und schaute seinen Kollegen verdutzt an. Einen Augenblick lang waren alle vier sprachlos.

Jetzt aber war Sebastian sicher. Einer von den beiden mußte der Einbrecher sein. Aber welcher? Er war der Ältere der Geschwister, er hatte hier die Verantwortung. Er nutzte den Augenblick der Verwirrung, um schnell in Vaters Arbeitszimmer zu schlüpfen. Die Nummer der Polizei hatten ihm die Eltern eingeschärft. »Für alle Fälle«, hatten sie gesagt. Jetzt war so ein Fall. »Bitte kommen Sie schnell in die Bachstraße 13, wir haben hier den falschen Nikolaus, den Einbrecher«, sagte er leise und legte wieder auf. Jetzt galt es, der kleinen Schwester beizustehen. Schon war er wieder im Flur, wo beide Nikoläuse mittlerweile in stiller Eintracht ihre Geschenke für die Kinder auspackten. Ganz schön raffiniert, dachte Sebastian, erst machen sie den Kindern Geschenke, und wenn die beschäftigt sind, räumen sie die Wohnung aus. Vielleicht waren beide Komplizen. Sicher würde er, Sebastian, morgen als »Held des Tages« in der Zeitung stehen. Er tat jetzt auch so, als würde er sich über die Spielsachen freuen, um die Eindringlinge hinzuhalten, beobachtete aber beide aus den Augenwinkeln ganz genau.

Die Polizei war schneller als erwartet. »Hände hoch und an die Wand dort!« Es war wie in einem Krimi. Die beiden Nikoläuse waren völlig überrascht. »Können Sie sich ausweisen?« fragte einer der Beamten.

»Meine Papiere liegen zu Hause, aber können Sie mir sagen, was das hier soll? Wir wollten den Kindern doch nur eine Freude machen.«

»Das können Sie uns alles auf der Wache erzählen, kommen Sie«, sagte der Beamte und wollte die beiden Nikoläuse gerade abführen, als es erneut klingelte.

»Von draußen vom Walde komm ich her«, ließ sich eine tiefe Stimme vernehmen. Das war zu viel des Guten. Selbst die Beamten schienen jetzt überfordert, denn sie hatten sich nur auf die Festnahme von zwei Nikoläusen eingestellt.

»Fordere Verstärkung an«, sagte der ältere Polizist zu dem jüngeren, »ich halte die drei solange in Schach.«

»Was ist denn hier los?« fragte der dritte Nikolaus. Sebastian kam die Stimme dieses dritten Gastes ungemein bekannt vor, ob der wohl der richtige Nikolaus war?

»Heinz, nun sag doch was, die bringen uns hier noch ins Kittchen.«

»Wir wollten deinen Kindern doch nur eine Freude machen, weil Karin im Krankenhaus ist und die Kinder in der Adventszeit ohne Mutter sind«, sagte der erste verzweifelt. »Und meine Frau hat noch gesagt: ›sprich dich lieber mit Bernd ab, nicht daß der auf die gleiche Idee kommt wie du.‹«

»Sie kennen sich?« fragten die Polizisten irritiert.

»Das sind meine Kinder«, sagte der dritte Nikolaus und zog sich die Maske vom Gesicht. »Und die beiden hier sind keine Einbrecher, sondern Nachbarn, die für die beiden den Nikolaus spielen wollten.«

Die Polizisten ließen die beiden Männer los, die sich nun auch Bart und Mütze abnahmen. Anne begriff gar nichts mehr. Eben waren drei echte, richtig nette Nikoläuse zu Besuch gewesen, und jetzt standen da der Vater und seine beiden Skatbrüder vor ihr, die sie nicht sonderlich gut leiden konnte. Sicherheitshalber brachte sie aber die Spielsachen und ihre geliebten Schokoladenbonbons in Sicherheit. Man konnte ja nie wissen, ob die Polizisten vielleicht auf die Idee kommen würden, all die Herrlichkeiten mitzunehmen. Denn irgendetwas war hier ja nicht mit rechten Dingen zugegangen. Doch die Polizisten hatten sich schon verabschiedet.

Inzwischen saßen die drei unechten Weihnachtsmänner im Wohnzimmer, zupften sich die Klebstoffreste von Oberlippe und Augenbrauen und erholten sich von all der Aufregung bei einem Schnaps. Nur der Junge stand still in der Ecke und schämte sich tief. Fast hätte er Vaters Freunde verhaften lassen. Nichts war es mit dem »Held des Tages«.

»Komm, Sebastian, pack jetzt auch deine Geschenke aus.« Der Vater nahm seinen Ältesten auf den Schoß. »Im Grunde genommen hast du ganz richtig geschaltet. Du konntest ja nicht wissen, wer sich hinter den Masken verbirgt.«

Verlegen steckte Sebastian sich ein Stück Marzipan in den Mund, als es erneut klingelte. »Bitte nicht noch ein

Nikolaus«, stöhnte er, befreite sich von Vaters Schoß und lief ins Kinderzimmer.

Der Vater öffnete. Aber dieses Mal stand kein Nikolaus vor der Tür, weder ein echter noch ein falscher, sondern die Mutter.

»Sie haben mich ganz überraschend für das Wochenende nach Hause entlassen«, sagte sie, »ich muß erst Montag wieder in die Klinik. Da kann ich doch heute Abend noch gemütlich mit euch zusammen sein. War denn der Nikolaus schon da?«

Drei Frauen und
(k)ein Weihnachtsmann

»Selbst ist die Frau«, sagte ich mir und marschierte schnurstracks auf das Ziel meiner Träume los. Das ist heutzutage eigentlich nichts Ungewöhnliches, wenn man aber bedenkt, daß ich zu dem Zeitpunkt gerade einmal sechs Jahre zählte, liegt hier vielleicht ein besonderer Fall vor. Nachdem ich mir schon wochenlang die Nase an der Schaufensterscheibe plattgedrückt hatte, konnte mich niemand mehr davon abhalten, mich mit allen Mitteln in den Besitz des Objekts meiner Begierde zu bringen, das in einem Paar wundervoller Rollschuhe bestand, mit Gummireifen, versteht sich und ausziehbar, um dem Wachstum der Füße standzuhalten, dazu mit roten Lederriemen. In diesem Alter glaubte ich zwar noch an den Weihnachtsmann, traute aber offensichtlich damals schon der eigenen Planung und Aktion mehr zu als einer einmal im Jahr erscheinenden männlichen Figur.

Kurz entschlossen betrat ich also den Laden, richtete mich unmittelbar an die Besitzerin, die mich kannte, weil ich hier des öfteren nach einer Puppenzeitschrift nachfragte, wies klar und eindeutig auf die ersehnten Rollschuhe im Fenster und sagte: »Die möchte ich zu Weihnachten bestellen!« Die Inhaberin sah mich ernst an, schraubte ihren Füllfederhalter auf und schrieb die Bestellung in ihr großes Buch, das für diese Zwecke vorgesehen war. Ich bedankte mich artig und zog frohen Herzens von dannen. Niemand würde mir mehr meine wundervollen Rollschuhe vor der Nase wegkaufen; immerhin war es erst Anfang November, ich hatte rechtzeitig geplant, wie ich es von den Eltern gelernt hatte. Auf dem Heimweg traf ich ein gleichaltriges Mädchen aus dem Nachbarhaus, der ich stolz von meiner Heldinnentat erzählte. Inge war voller Bewunderung über meinen Mut, was mir guttat.

Doch dem Stolz über die gelungene Aktion mischten sich abends im Bett Zweifel bei. Zum einen beschäftigte mich die Frage, wie der Weihnachtsmann davon in Kenntnis zu setzen sein könnte, wo er mein Geschenk abholen sollte, zum anderen stiegen allmählich in der Magengegend jene dumpfen Gefühle auf, die man gemeinhin als schlechtes Gewissen zu bezeichnen pflegt.

Tage vergingen. Ich bekam zu Hause irgendetwas davon mit, daß am kommenden Mittwoch Bußtag sei. Als ich nachfragte, was »Bußtag« denn bedeutet, erklärte mir meine Mutter, daß die Menschen an diesem Tag das bereuen würden, was sie in der letzten Zeit falsch gemacht hätten. Mir wurde immer mulmiger. Den ganzen Buß- und Bettag zog ich mich mit meinen Spielsachen allein in eine Ecke zurück. Heute mußte ich heraus mit der Sprache, das spürte ich. Es war kurz nach dem Abendbrot, als ich es nicht mehr aushielt und meine Großmutter, die mit uns in einer gemeinsamen Wohnung lebte, an der Hand packte. Ob ich mal kurz mit ihr reden könne, bat ich. Die alte Dame nahm mich mit auf ihr Zimmer, doch bevor sie auch nur fragen konnte, was ich denn auf dem Herzen hätte, sprudelte ich los und leistete wohl die innigste Beichte meines Lebens. Keine Schimpfe, kein Vorwurf. Sie streichelte mir mit der Hand übers Haar und sagte nur:

»Morgen früh gehe ich zum Friseur, da komme ich an dem Spielwarenladen vorbei und bestelle die Rollschuhe wieder ab.«

Das war alles. Meine Erleichterung war grenzenlos. Am nächsten Mittag konnte ich die Oma kaum erwarten. »Alles in Ordnung«, flüsterte sie mir zu, als sie nach Hause kam.

Diese Beichte blieb unser Geheimnis. Niemand in der Familie hat je ein Wort davon erfahren. Ich war heilfroh, daß alles so glimpflich abgegangen war.

Am ersten Advent ermunterte mich meine Mutter, meinen Wunschzettel zu malen. Natürlich standen Rollschuhe ganz oben, aber ohne Hinweis, wo diese Prachtstücke denn zu erwerben seien. Ich vertraute nun doch auf die Klugheit des Weihnachtsmannes, der mir am Heiligen Abend auch tatsächlich die heißersehnten Objekte meiner Begierde brachte, die schon am nächsten Tag auf dem Asphalt ausprobiert werden mußten. Sie waren wundervoll.

Bis zum Eintritt in die Schule war mein Glaube an den Weihnachtsmann auf diese Weise noch einmal bestärkt worden. Wenn ich in späteren Jahren aber so zurückdachte an den Wunschzettel für die Mutter und das Beichtgeheimnis bei der Großmutter, dann habe ich die Tatsache, daß ich bekam, was ich wollte, vielleicht doch einer besonderen Art von weiblicher Stärke zu verdanken.

Ein richtiges Krippenspiel

ES WAR DER SAMSTAG vor dem vierten Advent und
wie in jedem Jahr sollte auch heute abend in der Frie-
densgemeinde das nun schon allen zu einer lieben Tra-
dition gewordene Krippenspiel in der Kirche aufgeführt werden. Seit Wochen schon hatten die Kinder
geübt und Eva Schmitz, die Leiterin der Jungschar-
gruppe, war dieses Mal besonders stolz. Von Anfang
an war alles problemlos verlaufen. Bei der Zuteilung
der Rollen hatte es keinen Streit gegeben wie sonst
schon so oft. Für alle stand von Anfang an fest, daß die
kleine blonde Anna, die jüngste Tochter des Bürger-
meisters Hinrichs, die Maria spielt. Für die Rolle des
Josef kam sowieso nur Matthias, der spielerisch besonders begabte, wenn auch manchmal etwas altkluge
Sohn des Zahnarztes in Frage. Wer keine Rolle mit
Text bekam, reihte sich, ohne zu murren, willig in die
Schar der Hirten oder der Engel ein. Das große
Gloria klang in diesem Jahr so rein und hell aus den
jungen Kehlen, daß Eva Schmitz meinte, herrlicher
könne es auch nicht bei der Geburt Jesu einst in
Bethlehem geklungen haben.
Die Kinder waren bei den Proben weitgehend pünkt-
lich gewesen, bis auf Max, der meistens etwas verspätet
hereingetrottet kam, sich aber dann leise und unauffäl-
lig sein Schaffell über die Schulter legte, den Hirtenstab
ergriff und sich friedlich zu den Pappmachéschäf-
chen gesellte, die, mit frischer weißer Watte beklebt,
beinahe echt aussahen. Noch nie hatte Eva Schmitz der
Aufführung eines Krippenspiels mit so großer Gelas-

senheit entgegengesehen. Die Generalprobe war weitgehend zu ihrer Zufriedenheit verlaufen, nur Mirco, der Wirt, oft etwas frech und vorlaut, hatte einmal den Einsatz verpaßt, sich dann aber schnell wieder gefangen.

Der Kirchendiener hatte bereits am Weihnachtsbaum die Kerzen angezündet. Der Organist spielte leise Weihnachtsmusik, während die ersten Besucherinnen und Besucher kamen, um sich in den vorderen Kirchenbänken einen besonders guten Platz zu sichern. Alles verlief planmäßig. Die Engel schwebten und schwirrten aufgeregt durch den Gemeindesaal, bei Janines Gewand war einer der goldenen Flügel eingerissen. Aber Eva Schmitz war so leicht nicht aus der Ruhe zu bringen. Sie hatte sich für solche Fälle ausreichend mit Klebeband, Zwirn und einem ganzen Paket Sicherheitsnadeln eingedeckt. Für den äußersten Notfall hatte sie sogar noch ein paar Reserveflügel im Gemeindehaus deponiert. Mit einigen geschickten Handgriffen war sie gerade dabei, den Schaden zu beheben und aus Janine wieder einen voll einsatzfähigen Engel zu machen, als die Tür aufging und eine völlig aufgelöste Frau Hinrichs in den Saal stürzte.

Eva Schmitz wurde blaß. Bevor Frau Hinrichs auch nur den Mund aufmachte, wußte sie Bescheid. Aber schon sprudelte Annas Mutter los: »Sie haben sie vor einer Viertelstunde ins Krankenhaus gebracht, mein Mann und Stefan, unser Sohn. Sie hatte den ganzen Tag schon über Bauchschmerzen geklagt, aber ich hatte das nicht so ernst genommen, weil ich dachte, das sei die Aufregung vor ihrem Auftritt heute abend. Als die Schmerzen immer unerträglicher wurden, habe ich den

Arzt kommen lassen. Blinddarmdurchbruch hat er diagnostiziert, sie muß sofort operiert werden. Er hat dabei ein so ernstes Gesicht gemacht, daß ich das Schlimmste befürchte.« Frau Hinrichs war den Tränen nahe.

Eva Schmitz war voller Mitleid für Annas Mutter, aber gleichzeitig hatte sie selbst das Gefühl, daß ihr der Boden unter den Füßen schwand. Ihr schwindelte. Alles umsonst, dachte sie, all die Proben, die Arbeit der Mütter an den Kostümen, die Vorfreude der Kinder. Wie sollte sie jetzt, zehn Minuten vor Beginn des Krippenspiels, in die mittlerweile bis auf den letzten Platz besetzte Kirche vor das erwartungsvolle Publikum hintreten und sagen: »Tut mir leid, meine Damen und Herren, Sie sind umsonst gekommen, die Aufführung fällt heute aus.« Und die Kinder erst. Die standen inzwischen ratlos um sie herum, einige hatten begriffen, was das Fehlen von Anna bedeutete, denn wie soll ein Weihnachtsspiel ohne Maria über die Bühne gehen? Andere drängten sich ratsuchend an Eva Schmitz, in der Hoffnung, daß da noch ein Ausweg gefunden werden könne. Die Erwachsenen wußten doch sonst immer alles besser, da sollte sich die Leiterin schnell etwas einfallen lassen.

Eva Schmitz brach der Schweiß aus. Hätte sie die Rollen doch nur doppelt besetzt wie sonst immer. Aber noch nie war jemand ausgefallen, und für die »zweite Besetzung« war es immer eine große Enttäuschung, alle Texte gelernt zu haben, aber dann doch nie bei der großen Aufführung mitspielen zu dürfen. Zum Trost durften sie dann am Sonntagnachmittag im Altenheim auftreten, aber das war eben doch keine Entschädigung dafür, daß sie bei der »richtigen« Aufführung in der Kirche unter den Zuschauern sitzen mußten oder sich notfalls noch als Statisten unter die Hirten und Engel mischen durften.

Die Glocken läuteten bereits. Die Kinder lärmten mittlerweile herum, enttäuscht schrien alle durcheinander. Niemand hatte derweil bemerkt, daß der geistig zurückgebliebene Max, wie so oft etwas zu spät, hereingekommen war, an der Hand ein großes, dunkelhäutiges schwangeres Mädchen aus dem Asylantenheim. Unerbittlich kämpfte er sich mit der Afrikanerin durch das Knäuel von Engeln hindurch, das Eva Schmitz umlagerte. »Sie, sie, sie, sie sagt, sie kann den Tetetext«, stotterte er mit einer Mischung aus Verlegenheit und Selbstsicherheit, »sie hat immer vor der, vor der Tür gelauscht, wenn wir gespielt haben! Jedededesmal«, setzte er zur Bekräftigung hinzu.

Immer, wenn er zu spät zur Probe gekommen war, hatte er sie vor der Tür des Gemeindesaals erblickt. Sie hatte nur den Finger vor den Mund gelegt, als Zeichen dafür, daß er sie nicht verraten sollte. Und er hatte verstanden. Endlich hatte er, der sonst so oft von den anderen Kindern ausgelacht worden war, einen Menschen, mit dem er ein Geheimnis teilen durfte. Eva Schmitz starrte das fremde Mädchen einen Augenblick fassungslos an. Eine schwarze Maria, unmöglich. Zudem war das Mädchen mindestens vierzehn Jahre alt, viel älter als die anderen Kinder und würde den Josef um einen Kopf überragen. Und überhaupt. Die konnte ja viel erzählen. Maria hatte den längsten Text, und ob diese Schwarze überhaupt deutsch sprechen konnte und begriffen hatte, worum es in dem Weihnachtsspiel ging. Daß sie schwanger war, nun ja, das paßte ja sogar zur Rolle, da brauchte man ihr kein Kissen unter den blauen Umhang zu stecken wie bei Anna. Die Gedanken in Eva Schmitzens Hirn überschlugen sich.

»Ich bin Mara«, stellte sich das Mädchen vor. »Ich kann spielen die Maria, dann braucht nicht auszufallen das Spiel«, ergänzte sie, denn sie hatte von draußen alles mitangehört.

Unmöglich, die kann ja nur gebrochen deutsch, dachte Eva Schmitz. Dann sah sie in die erwartungsvollen Augen der Kinder, die bei Maras Worten plötzlich mucksmäuschenstill geworden waren. Für die meisten von ihnen schien Mara geradewegs vom Himmel zu kommen. Ihr Spiel, ihr schönes Spiel, auf das sie sich so lange vorbereitet und gefreut hatten, war gerettet. Nur einige von den Jungen waren empört. »Die nehme ich nicht an die Hand«, empörte sich Matthias, »mit sowas bin ich nicht mal in einem Spiel verlobt.«

»Hure«, tönte es aus dem Mund des frechen Mirco, da wird es mir leicht fallen, der kein Zimmer zu vermieten.«

Eva Schmitz war fassungslos. Sie hätte ihre Hand ins Feuer gelegt für »ihre Kinder«. Was für Redensarten führen die hier, dachte sie. Aber die meisten hörten es wohl von zu Hause nicht anders.

Als der Bürgermeister der Gemeinde vor einem halben Jahr ankündigte, daß das leerstehende Wirtshaus am Ortseingang zu einer Asylantenunterkunft umgebaut werden würde, und er alle bat, die Fremden, die schon schlimme Schicksale hinter sich hätten, freundlich aufzunehmen, hatte es jede Menge Proteste gehagelt. »Wir sind hier nicht im Kongo«, hatte der Bäckermeister gerufen, sollen die doch bleiben, wo sie herkommen. Bei mir kriegen die kein Brot.« »Die sollen sich hier gar nicht erst einleben, sonst werden wir die nie wieder los.« »Wer weiß, was die mit unseren Kindern machen, diese Wilden.«

Viele Bewohner des kleinen Dorfes hatten sich der Meinung des Bäckers angeschlossen. Die Pastorin hatte mehrfach angeregt, Veranstaltungen für die Fremden zu organisieren, war aber mit ihren Vorschlägen in ihrem Kirchengemeinderat auf taube Ohren gestoßen. Die Afrikaner wurden gemieden, wo man nur konnte. Wenn ich die Mara wirklich spielen lasse, verlassen die Leute vielleicht unter Protest die Kirche, dachte Eva Schmitz. Aber sie hatte jetzt keine Zeit mehr, alle Argumente gewissenhaft abzuwägen, geschweige denn, Maras Fähigkeiten, die Maria zu spielen, zu überprüfen. Die Orgel hatte bereits den Eingangschoral intoniert und der Kirchendiener riß aufgeregt die Tür auf: »Wo bleiben denn die Kinder?« rief er nervös, die traditionsgemäß bei den ersten Klängen von »Tochter Zion, freue dich« in ordentlicher Zweierreihe artig und mit vor Aufregung geröteten Wangen in die Kirche einzuziehen hatten, um bei der dritten Strophe zu ihrem Spiel Aufstellung bezogen zu haben. »Na, dann los«, befahl Max mit fester Stimme. Schließlich hatte er die Rettung herbeigeschafft, jetzt wurde auch gespielt, das stand für ihn fest. Die aufgeregte Kinderschar hatte gar nicht genau mitgekriegt, woher die auffordernden Worte gekommen waren, aber bevor Eva Schmitz noch irgendetwas sagen oder dem Trubel Einhalt gebieten konnte, drängelten und schubsten sich Hirten und Engel gleichzeitig in die Kirche, wurden aber angesichts der vollen Bänke und der feierlichen Atmosphäre schlagartig still.

Mara hatte sich schnell den für sie etwas zu kurzen blauen Samtmantel der Maria übergeworfen und ihre schwarze Lockenpracht geschüttelt. Dann stand sie mit dem immer noch mürrischen Matthias vor dem Publikum und begann: »Wir kommen von weither aus einem fernen Land. Ich bin müde, es hat mich angestrengt, den ganzen Tag auf den Beinen zu sein, denn ihr seht ja, daß ich schwanger bin. Bald wird mein Kind zur Welt kommen. Ob wir hier wohl Aufnahme finden und Menschen, die es gut mit uns meinen?« Dabei zeigte sie nicht auf die spielenden Wirte, wie es vorgesehen war, sondern wies mit ihrem Zeigefinger geradewegs in die Gemeinde. Na klar, dachte Eva Schmitz, die sich nach dem ersten Schrecken über den unerwarteten Beginn des Spiels angesichts der klaren Worte der Maria, die zudem in einwandfreiem Deutsch gesprochen worden waren, wieder etwas gefangen hatte, die hat ja nur zugehört, aber die Gesten und Bewegungen nicht einstudiert.

In der Gemeinde war es totenstill. Was fällt der Schmitz ein, eine aus dem Asylantenheim die Maria spielen zu lassen? Der Bäcker und einige der anderen, die gegen die Afrikaner im Dorf gewettert hatten, saßen wie versteinert da. Sollten sie die Kirche unter lautstarkem Protest verlassen? Aber die eigenen Kinder spielten auch mit, deren ganze Freude konnte man doch nicht enttäuschen. »Mama, Papa, ihr kommt doch«, hatten sie gefleht. Daß die aber vorher nie was von dieser Fremden erzählt haben. Sollte nicht die kleine Hinrichs die Maria spielen?

Inzwischen war das Spiel zur Zufriedenheit von Eva Schmitz weitergegangen. Das fremde Mädchen hatte den Text offenbar wirklich durch das häufige Zuhören mitgelernt und die wenigen Fehler im deutschen Satzbau fielen kaum auf. Schließlich war sie bei dem Wirt Mirco angelangt, um ein Quartier für sich und ihren Verlobten Josef zu erbitten, der sich angesichts der Tatsache, daß seine Eltern ihm für ein gutes Spiel ein neues Fahrrad versprochen hatten, schließlich überwunden und die schwarze Maria zähneknirschend an die Hand genommen hatte.

»Wir bitten euch, gebt uns ein Zimmer, wir von weither kommen und müde sind von der langen Reise. Nirgendwo ist Platz für uns. Das Kind strampelt so sehr, daß ich mich nicht mehr lange auf den Beinen halten kann«, stöhnte die Maria vorschriftsmäßig und legte zur Bekräftigung des Gesagten eine Hand auf ihren gerundeten Bauch. »Bitte, habt Erbarmen«, flehte sie.

»Ich habe hier auch keinen Platz für euch, da im Stall, da könnt ihr euch zu Ochs und Esel auf das Stroh legen!«

Gott sei Dank, dachte Eva Schmitz, das war die Stelle, an der Mirco schon mal hängengeblieben war.

Aber was dann geschah, brachte sie an den Rand einer Ohnmacht.

»Ab in den Stall mit euch, da gehört ihr hin, ihr seid ja selber Tiere, ihr stinkendes Niggerpack«, schrie Mirco Mara-Maria plötzlich an, »am besten schert ihr euch ganz zum Teufel. Was habt ihr überhaupt hier zu suchen. Geht doch zurück in euren Busch, aus dem ihr kommt!«

»Was haben wir euch eigentlich getan?« fauchte Mara-

Maria zurück. Du bietest mir hier Platz in einem Stall an. So seid ihr. Viel besser als dieser Stall, in dem Jesus zur Welt gekommen ist, unsere Unterkunft auch nicht ist. Eine Dusche für zehn Leute, tropfende Wasserhähne, eine Etagenküche mit Ungeziefer an den feuchten Wänden. Aber das nicht das Schlimmste ist. Das Schlimmste ist, daß ihr uns behandelt wie Menschen zweiter Klasse, als ob alle Schwarzen dumme Leute sind, nur weil einige hier noch Probleme mit die deutsche Sprache haben. Ihr nicht redet mit uns und ständig uns zeigt, daß wir hier nicht sind willkommen. Das weh tut hier im Herzen. Wir auf der Flucht waren und ich mit ansehen mußte, wie meine Eltern wurden erschossen. Ich gerade noch konnte entkommen, aber ein Soldat mich hat entdeckt. Er mich vergewaltigt«, dabei wies sie auf ihren Bauch, »aber dann laufen hat lassen.« Ihr rannen in der Erinnerung an die erlebten Greuel die Tränen über das Gesicht. »Wir auch sind getauft, aber wir uns nicht einmal trauen zu euch in die Kirche, obwohl euer Gott doch ist auch unser Gott.« Sie sank erschöpft auf das Stroh, das den Stall markierte. Mirco war völlig verdattert, daß diese Schwarze es gewagt hatte, ihm so heftig zu widersprechen.

In der Gemeinde war es allmählich unruhig geworden. Das war nicht das niedliche Krippenspiel, auf das man sich innerlich eingestellt hatte. Bei einigen regte sich Unmut, bei anderen ein schlechtes Gewissen. Hatte das Mädchen nicht recht? So wie man damals Maria und Josef die Aufnahme verweigert hatte, so hatten sie selbst ja auch die Fremden draußen vor der Tür gelassen. Doch bevor irgendjemand noch einen weiteren klaren Gedanken fassen konnte, sorgte Mara-Maria für neue Aufregung. Plötzlich war sie auf ihrem Heuballen bleich zusammengesunken und hielt sich stöhnend den Bauch.

»Jetzt wird der Jesus geboren«, tönte es laut und klar aus der Ecke der Hirten. Und schon kniete Max neben der vor Schmerzen gekrümmten Mara-Maria und deckte sein eigenes Schaffell, für das er so lange gespart hatte, liebevoll über sie. »Damit du nicht frierst und dein Jesuskind«, setzte er erklärend hinzu. Tränen tiefer Ergriffenheit, als erster Hirte dem Jesuskind und seiner Mutter etwas Wunderschönes schenken zu dürfen, schimmerten hinter seinen dicken Brillengläsern. Für ihn bestand kein Zweifel daran, daß just in diesem Augenblick der Heiland zur Welt kommen würde. Etwas polterig verschwand er wieder unter den anderen Hirten, die laut Textbuch allesamt eigentlich gar nichts zu sagen hatten. Aber was lief hier noch nach Plan? Inzwischen hatten sich die Engel um die stöhnende Mara-Maria geschart und versuchten ihr mit ihren Flügeln etwas Wind zuzufächeln, wurden aber barsch von einigen Frauen beiseite gejagt, die aufgeregt zu dem fremden Mädchen geeilt waren und eindeutig festgestellt hatten, daß sie Wehen hatte. »Schnell einen Arzt!« riefen sie und der Kirchendiener beeilte sich, ans Telefon zu kommen. Mit vereinten Kräften gelang es den Frauen, die wimmernde Mara in die Sakristei zu transportieren.

In den Kirchenbänken wurde inzwischen halblaut getuschelt, aber niemand traute sich aufzustehen und die Kirche zu verlassen. Die Engel wußten nun auch nicht, ob sie ihr so liebevoll eingeübtes »Gloria« noch anstimmen sollten. Immerhin kam ja dieses Mal ein richtiges Kind zur Welt, das zu besingen vielleicht viel passender war, als die Babypuppe, die sonst immer am Ende des Spiels in der Krippe lag und durch Scheinwerfer von der Orgelempore aus angeleuchtet wurde.

Eva Schmitz war allmählich mit ihren Nerven am Ende. Ein Krippenspiel, an dem beide Marias ins Krankenhaus kamen, so etwas durfte es eigentlich nicht geben. Für sie war das Spiel gelaufen, und so dachte sie gar nicht mehr daran, den Kindern den Einsatz für den Schlußchoral zu geben. Einige fingen von selbst an, zaghaft und nicht ganz so genau, wie sie es geübt hatten. Es dauerte eine Weile, bis die anderen Stimmen einfielen. Inzwischen hörte man draußen die Sirenen des Rettungswagens, während gleichzeitig in der Kirche der Jubel des Gloria ertönte, der nun immer lauter und inzwischen auch nahezu richtig klang.

Als der Chor zu Ende gesungen hatte, wußte keiner in der Kirche, ob er applaudieren sollte. In die verlegene Stille hinein stand die Pastorin der Gemeinde auf und sagte: »Die Kollekte am Ausgang kommt nicht, wie geplant, unserem Kindergarten, sondern dem Asylantenheim in unserem Dorf zugute.« Schweigend erhob sich die Gemeinde. Schein um Schein wanderte in den Kollektenkorb.

Am Weihnachtsmorgen standen plötzlich eine ganze Reihe Säcke vor der Tür des ehemaligen Wirtshauses, Spielsachen für die Kinder, Kleider, Schuhe und Bücher, Käse, Fleisch und Obst, dazu eine Einladung zu einer Weihnachtsfeier im Gemeindehaus. Auch ein Sack mit frischem Brot und duftendem Weihnachtsgebäck war dabei.

Öffne deine Tür

ÖFFNE DEINE TÜR DENEN,
die deine Hilfe, deine Kraft
und deine Liebe brauchen:
lade die Fremden ein,
die nicht wissen,
wo sie zu Hause sind.
Laß die Menschen wieder eintreten,
von denen dich Mißverständnisse
und Streitigkeiten trennen
und öffne dich
auch wieder denen,
die dich verletzt haben
und die an dir schuldig geworden sind.
Setze dich mit ihnen zusammen
und teile mit ihnen
Brot und Wein.
Wo Begegnung geschieht
und Versöhnung möglich wird,
da wird Christus in dir selbst
und unter euch sein.

»Wer hat Angst vor dem schwarzen Mann?«

EIN UNGEWÖHNLICHES WEIHNACHTSBILD. Die Heilige Familie ist schwarz. Der Zulukünstler Mbatha interpretiert das weihnachtliche Geschehen durch die gesellschaftliche Situation Südafrikas, wie sie sich bis zum Ende der Apartheid dargestellt hat: Gott ist in Afrika Mensch geworden, von Geburt an ein Ausgestoßener, für den der stinkende Stall gerade gut genug ist. Er wird in jedem schwarzen Kind wiedergeboren, das in vergleichbar elenden Zuständen, in den Homelands, zur Welt kommt.

In der schwarzen Maria wird nicht mehr die demütige und keusche Jungfrau verehrt, die jahrhundertelang das Bild der Gottesmutter in der katholischen Kirche geprägt hat, sondern die selbständige, tapfere Frau, die viele Leiden benachteiligter Frauen selbst durchgemacht hat: Schwangerschaft, uneheliche Mutterschaft, Flucht, Verfolgung, Armut, dazu Folter und den gewaltsamen Tod ihres Kindes vor den eigenen Augen. Mit dieser Maria, die ihr eigenes Schicksal geteilt hat, können sich die Frauen in Südafrika und auch in Lateinamerika identifizieren. Sie steigt herab von ihren Altären mitten in die Reservate, in denen die schwarzen Frauen versuchen, sich mit ihren Kindern mehr schlecht als recht durchzuschlagen, während ihre Männer in den Minen schuften.

In einer schwarzen Frau ist Gott Mensch geworden. Der schwarze Jesus stellt sich an die Seite der Unterdrückten. Wo immer ein Mensch leidet, gedemütigt, gequält, verfolgt oder aufgrund seiner Hautfarbe dis-

kriminiert wird, leidet Jesus selbst (Matthäus 25,40). Das ist der Kern »Schwarzer Theologie« und die Aussage zahlreicher Kreuzwegbilder Mbathas, auf denen der schwarze, weinende Christus das Leiden der schwarzen Bevölkerung Südafrikas symbolisiert.

Aber so, wie Jesus den Tod überwindet, wird auch für die Schwarzen das Elend ein Ende haben, es wird eine Befreiung von aller Unterdrückung und Peinigung geben, nicht erst in einer anderen Welt. Die Geburt Jesu in der eigenen Mitte, der dadurch ihre Sache zu seiner eigenen macht, ermutigt dazu, den Kampf für die eigenen Lebens- und Menschenrechte immer wieder neu aufzunehmen, damit die Vision Marias wahr werde, daß »er die Mächtigen vom Thron stößt und die Erniedrigten erhöht« (Lukas 1,52).

Die politische Situation in Südafrika hat sich offiziell verändert. Dennoch bleiben die Bilder von Mbatha leider von bleibender Aktualität. Wie lange werden die Weißen in Südafrika brauchen, um die gesetzlichen Veränderungen zu verinnerlichen und Schwarze als gleichwertige Menschen anzusehen?

Aber müssen wir dabei bis nach Südafrika gehen? Wir kennen Vorbehalte gegenüber Farbigen auch aus dem eigenen Land, vielleicht sogar von uns selbst?

Das Verhängnis liegt möglicherweise mit darin begründet, daß alles Unheimliche, Verbotene und Böse, Trauer und Tod in unserer Kultur mit Schwarz in Verbindung gebracht wird, zum Beispiel der schwarze Mann, der schwarze Peter, schwarze Messen, schwarze Schafe, Schwarzmarkt, schwarz sehen oder schwarzfahren.

Das Dunkle und Verbotene innerhalb der eigenen Psyche aber wird häufig abgespalten und verdrängt und dann schnell auf diejenigen projiziert, die in irgendeiner Weise, zum Beispiel durch ihr äußeres Erscheinungsbild, geradezu dazu herausfordern, nämlich die schwarzen Menschen. Plötzlich sind sie angeblich unheimlich, böse oder gar kriminell.

Schauen wir einmal im Licht von Weihnachten die eigenen dunklen, bösen, dämonischen Seiten in uns selbst an. Vielleicht können wir sie aushalten, vielleicht uns sogar mit ihrer Existenz versöhnen. Das wäre immerhin ein Anfang, um sie nicht weiter auf Menschen mit beispielsweise dunkler Hautfarbe projizieren zu müssen. Vielleicht gelingt uns dann auch ein versöhnlicher Umgang mit Schwarzen, weil wir lernen, sie als Menschen anzusehen, die ein Recht auf ein menschenwürdiges, gleichberechtigtes und befreites Leben haben, wie wir es für uns selbst beanspruchen.

Das kann ein erster Schritt dazu sein, daß die weihnachtliche Friedensbotschaft Wirklichkeit wird.

Lobgesang der Maria

LOBEN UND PREISEN will ich dich,
mein Gott,
daß du in mir Wohnung genommen
und mir mit dem Feuer
des Heiligen Geistes
Leib und Seele entzündet hast.
Seitdem ich erfahren habe,
daß du auf der Seite der Schwachen,
der Ohnmächtigen
und der Entrechteten stehst,
fühle ich mich ermutigt
und gestärkt,
mich einzusetzen
für eine gerechtere Welt,
in der es keine Reichen
und keine Armen,
keine Übersättigten
und keine Hungernden,
keine Herrschenden
und keine Unterdrückten
mehr gibt,
damit jeder Mensch auf dieser Erde
in Würde und Freiheit,
in Gerechtigkeit und Frieden
leben kann,
wie es für alle Zeiten
dein Wille ist.

(Nach dem Magnificat, Lukas 1,46–55)

Das Wunder der Liebe

ICH WILL DICH mein Gott
mit meinem Leib loben
und mit meiner Zärtlichkeit
preisen.
Mit meinen Küssen
will ich dich schmecken
und in der Berührung meiner Haut
deine Nähe spüren.
In meinem Tanz
will ich die Quellen
des Lebens feiern
und durch mein Lachen
den Geist der Freude
verströmen.
Denn ich habe
das Wunder der Liebe erfahren,
welches mich guter Hoffnung sein läßt,
daß es das Leben bewegt
bis ans Ende der Welt.

Der vergeßliche Engel

IM HIMMEL HERRSCHTE GROSSE AUFREGUNG: In wenigen Tagen sollte Gottes eigener Sohn zur Welt kommen, als kleines Kind in Bethlehem. Eifrig putzten die Engel ihre Flügel und Heiligenscheine und übten ihr vielstimmiges Gloria wieder und wieder, denn am großen Festtag sollte alles so schön wie möglich sein.

Endlich war es soweit. Aufgeregt flatterten alle durcheinander, stimmten ihre Flöten, Harfen und Posaunen und wollten gerade gemeinsam in vollem Glanz aufbrechen, als ein kleiner Engel, aufgeregt flatternd, rief: »Wartet noch einen Augenblick, wartet, ich kann mein Liedblatt nicht finden!«

»Komm jetzt, du kannst mit in meines schauen, es wird Zeit, wir müssen los«, ermunterte ihn ein älterer, gütiger Engel.

»Aber ich habe mir in meinem Notenblatt doch meinen Einsatz rot angestrichen, weil ich den sonst immer vergesse«, meinte der kleine Engel verlegen und wurde jetzt selbst rot.

»Dann beeile dich, ich versuche, die anderen noch einen Augenblick aufzuhalten«, erwiderte der gütige Engel.

Flugs war der Kleine zwischen den Wolken verschwunden und kam in der Tat schon nach kurzer Zeit mit seinem, allerdings schon sehr zerfledderten Liedzettel an. »Danke«, flüsterte er dem gütigen Engel zu und schon schwangen sie sich alle gemeinsam auf Richtung Erde.

Doch die Einmütigkeit währte nicht lange. »Halt, halt,

ich habe meine Harfe vergessen«, rief der Kleine verzweifelt.

»Wie konnte dir denn so etwas passieren?« Jetzt war auch der gütige Engel einigermaßen ungehalten, was gemeinhin relativ selten vorkam: »Du bringst hier noch alles durcheinander! Wir können jetzt nicht noch einmal umkehren.«

»Als ich meinen Liederzettel suchte, habe ich meine Harfe auf eine Wolke gelegt, damit ich schneller suchen konnte. Und dann habe ich mich so beeilt, daß ich sie liegengelassen habe. Aber ich brauche mein Instrument, schließlich spiele ich in dem Himmelsorchester die erste Harfe!«

»Dann mußt du schnell alleine zurückfliegen, wir fangen ja mit dem ›Ehre sei Gott in der Höhe‹ an, das ist a capella, bis wir bei den instrumentalen Stücken sind, wirst du es dann wohl geschafft haben, wieder bei uns zu sein.«

Der vergeßliche Engel hatte schon eine scharfe Kurve genommen und war auf dem Rückflug gen Himmel. Der gütige Engel rief ihm noch hinterher: »Wo du uns findest, weißt du ja, in Bethlehem!«, aber das hörte der Kleine schon nicht mehr.

Es kam, wie es kommen mußte. Der vergeßliche Engel fand zwar tatsächlich seine Harfe, gerade da, wo er sie ganz in Gedanken abgelegt hatte, aber als er wieder losstarten wollte, fiel ihm beim besten Willen nicht mehr der Ort ein, wo das einmalige Ereignis stattfinden sollte. »Das gibt es doch nicht«, flüsterte er erschrocken, irgendwo in Israel war es, oder in Irland? Das Land fing jedenfalls mit »I« an. Aber da käme auch Indonesien in Frage. Und die Stadt? Wie hieß die

Stadt? Bethanien vielleicht oder Bagdad oder Berlin? Er konnte sich immer nur an die Anfangsbuchstaben erinnern. Auch das Datum hatte er vergessen, er wußte nur, daß er sich unheimlich beeilen sollte, um das einmalige Ereignis nicht zu verpassen, und daß er es verpassen würde, weil er nicht mehr den blassesten Schimmer hatte, wo es stattfinden sollte. Hätte ich es mir doch bloß aufgeschrieben, ärgerte er sich. Obwohl das bei ihm auch nicht viel nützte, weil es schon oft vorgekommen war, daß er sich alle möglichen Termine und Daten zwar notiert, später aber seine Notizen nicht mehr wiedergefunden hatte.

Ich werde es immerhin versuchen, dachte er bei sich und sauste ab in die Tiefe. Ein Land mit »I« am Anfang und eine Stadt mit »B«, dachte er und landete etwas unsanft in Benares in Indien. Ein Kind in einer armseligen Unterkunft, das werde ich doch wohl auch so noch finden, machte er sich selbst Mut. Und in der Tat: Es dauerte auch nicht lange, als er in den Slums der Stadt ein Neugeborenes weinen hörte. Na also, dachte er, war flugs bei Mutter und Kind, fächelte beiden mit seinen Flügeln ein wenig Wind zu und spielte ihnen auf der Harfe eine so wundervolle Musik zu, die seine Höchstleistungen im Himmelsorchester bei weitem übertraf. Auch das »Ehre sei Gott in der Höhe« kam so rein und klar aus seiner Kehle, daß er erst bei der Zeile, »den Menschen seines Wohlgefallens« merkte, daß er hier ganz alleine sang. Wo sind denn die anderen, dachte er erschrocken, als ihm allmählich dämmerte, daß er anscheinend nicht am richtigen Ort war. Aber die vor Schmerzen wimmernde Frau war so ruhig geworden, als er gesungen hatte, und das schreiende Baby war in tiefen Schlaf gesunken. Ganz falsch konnte sein Auftritt hier also doch auch nicht gewesen sein. Im Stillen hoffte er, daß die anderen alle an falscher Stelle jubelten und musizierten, ahnte aber, daß ihn diese Hoffnung trog.

Müde, verwirrt, gleichzeitig beschämt über seine Vergeßlichkeit, traurig darüber, das große Ereignis verpaßt zu haben und doch ein wenig glücklich im Herzen, einer armen Mutter und ihrem neugeborenen Kind in einer der ärmsten Ecken der Welt ein wenig Ruhe und Frieden geschenkt zu haben, machte er sich langsam wieder in Richtung Himmel auf. »Wo warst du?«, »Was fällt dir ein, die heilige Nacht Gottes zu schwänzen?«, »Uns hat die erste Harfe gefehlt!«, »Du verdienst nicht länger ein Engel genannt zu werden«, so riefen und schrien alle durcheinander, als er in den himmlischen Gefilden eintraf.

Diese Worte trafen ihn hart. Durfte ein Engel denn nicht einmal einen Fehler machen? Tief erschrocken und in seiner zarten Seele verletzt, ließ er sich fallen. Langsam sank er zur Erde zurück. Je mehr er sich der menschlichen Welt näherte, um so heftiger spürte er in seinem liebevollen Herzen den göttlichen Auftrag, mittels seiner Intuition und seinem Feingefühl die Menschen ausfindig zu machen und ihnen beizustehen, die seine Hilfe gerade am meisten benötigten.

Seit dieser Stunde weilt der vergeßliche Engel auf der Erde. Er ist immer gerade dort zur rechten Zeit und am richtigen Ort, wo die Not am größten ist. Er schenkt Ruhe und Frieden und helle Träume, in denen die Einsamen, Traurigen und Elenden in der Welt spüren, daß es doch noch eine Hoffnung gibt für den kommenden

Tag. Seitdem er unter den Menschen seine Spuren hinterläßt, ahnen manche unter ihnen, daß es mit der allgemeinen Rede vom Schutzengel wohl doch etwas auf sich haben muß. Vielleicht hast du ihn ja auch schon einmal gespürt?!

Von einem Engel zart berührt

EIN ENGEL hat mich zart berührt,
ein Engel hat mich ins Leben geführt,

ein Engel hat Türen in mir aufgemacht,
ein Engel hat mit mir geweint und gelacht.

Ein Engel wies mir den Weg zum Licht;
ein Engel sprach: »Fürchte dich nicht!«

Ein Engel hat mich von Angst befreit,
ein Engel schenkte mir Zärtlichkeit.

Ein Engel gab mir Wärme und Glück,
ein Engel führt' mich zum Glauben zurück.

Ein Engel hat mir Trost geschenkt,
ein Engel hat Liebe in mich gesenkt.

Ein Engel zeigte mir in der Zeit
Augenblicke göttlicher Ewigkeit.

Ein Engel ist bei mir auf meinen Wegen,
ein Engel stärkt mich mit seinem Segen.

Ein Engel ist nicht mit Flügeln gekommen,
Gott hat sich den Menschen zum Boten genommen.

Vom Engel, der das Paradies auf Erden suchte

ES WAR EINMAL vor sehr, sehr langer Zeit, als ein Planet im Kosmos ganz besonders hoch gerühmt wurde, so daß man sogar im Himmel und in Engelskreisen vom »Paradies auf Erden« sprach. Immer, wenn davon die Rede war, malte sich ein jeder der himmlischen Boten in seiner Phantasie ein landschaftlich besonders reizvolles Plätzchen aus, wo die Natur noch unzerstört, die Wälder grün, die Flüsse blau und das Leben der Menschen voller Frohsinn und Dankbarkeit für das Wunder der Schöpfung wäre. Keiner der Engel aber hatte je gewagt, Gott zu fragen, wo denn das Paradies auf Erden zu finden sei, denn sie fürchteten, ob solch einer Frage in Ungnade zu fallen, wo ihnen doch alle himmlischen Gefilde offenstanden, mit denen ja die Menschen auf der Erde gemeinhin die Vorstellung vom Paradies verbinden.

So vergingen einige Ewigkeiten und die Kunde vom Paradies auf Erden verflüchtigte sich allmählich zu einer Legende, an die nicht einmal die Engel mehr so recht zu glauben wagten.

Einmal allerdings, als die himmlischen Heerscharen wieder einmal zusammenkamen, um miteinander zu singen und zu musizieren, summte einer der Erzengel eine besonders schöne Melodie vor sich hin. »Was ist das für ein wundervolles Lied?« unterbrach ihn ein besonders neugieriger und vorwitziger Engel, der sich nie so ganz in das himmlische Wohlleben von Einklang und Harmonie fügen wollte.

»Das singen die Menschen zu Weihnachten, wenn sie die große Hoffnung auf neues, erfüllendes Leben feiern«, antwortete der Erzengel ernst, und er begann noch einmal: »Heut schleußt er wieder auf die Tür zum schönen Paradeis … «

»Schön klingt das«, sagte der vorwitzige Engel versonnen. Mehr sagte er nicht. Aber in ihm war das tiefe Verlangen erwacht, still und heimlich zu ergründen, ob es doch etwas auf sich hatte mit dem Paradies auf Erden. Da er überhaupt gern im Mittelpunkt stand, erhoffte er sich für diese Leistung großen Beifall und vielleicht auch einige Ehrungen der Oberengel, wenn er endlich auf diese nun schon so lange in den himmlischen Sphären schwebende Frage eine Antwort geben könnte. Fest entschlossen, der Erde einen Besuch abzustatten, legte er Heiligenschein und Flügel ab, um von den Menschen auf der Erde nicht als Engel erkannt zu werden.

Dann ließ er sich heimlich, still und leise auf einem Regenbogen zur Erde hinunter. Er landete etwas unsanft auf einem riesengroßen Gletscher, und da er vom Himmel die wärmende Sonne gewohnt war, fror ihn entsetzlich. Er war schon eine Weile unterwegs und halb erfroren, als er auf einige dick vermummte Gestalten traf. »Wo bitte geht's zum Paradies auf Erden?« fragte er bibbernd. »Das liegt im Süden, da, wo immer die Sonne scheint«, antworteten die Vermummten finster und zogen sich in ihre Iglus zurück. Diese Auskunft leuchtete dem vor Kälte zitternden Engel sofort ein und schon war er auf dem Weg in den Süden. Je weiter er vorankam, um so wärmer wurde es, allmählich taute er wieder auf und begann, sich wohlzufühlen. Er konnte sich gut vorstellen, daß hier irgendwo das Paradies zu finden sei. Nun war er allerdings von der langen Wanderung auch hungrig und durstig geworden. Das heiße Land, das er durchwanderte, war über weite Strecken von der Sonne ausgedorrt, die Brunnen waren vertrocknet, die Erdkrusten von der Hitze weit aufgerissen; nichts wuchs und gedieh mehr, denn monatelang hatte es nicht mehr geregnet. Hungernde Menschen saßen vor armseligen Hütten, Kinder schauten ihn mit aufgeblähten Hungerbäuchen und großen leeren Augen an.

Das konnte wohl auch nicht das Paradies auf Erden sein, das sah ja eher nach der Hölle aus. Da kam eine junge Frau mit zwei kleinen Kindern auf ihn zu und bat ihn, auf die Kleinen acht zu geben, damit sie einen Brunnen suchen könne, der noch etwas Wasser hat.

»Ich habe nicht viel Zeit«, sagte der Engel, »ich bin nämlich auf der Suche nach dem Paradies auf Erden«, setzte er hinzu.

»Das Paradies auf Erden«, sagte die Frau, »das ist im Osten des Landes. Dort hat es nämlich geregnet, erzählen die Leute, dort kann man Getreide anbauen in Hülle und Fülle und muß keinen Hunger leiden.«

Da unser Engel inzwischen auch mächtig hungrig und durstig geworden war, erschien ihm dieses Land wahrlich als das Paradies, und flugs machte er sich auf in Richtung Osten.

In der Tat, hier hatte es Regen gegeben, und die Leute waren dabei, den Boden zu bestellen. »Komm und hilf uns«, rief einer der Landarbeiter dem Engel zu, »wir brauchen hier noch mehr Arbeitskräfte.«

»Ich bin so schwere körperliche Arbeit nicht gewohnt«, stöhnte der Engel, dem schon beim Anblick der vor Anstrengung schwitzenden Arbeiter ganz schwindelig wurde. Er versuchte sich einige Zeit mit Hacke und Spaten, bekam schnell Schwielen an die zarten, sonst nur Harfe spielenden Hände und konnte daher an dieser groben, schweißtreibenden Arbeit nun auch nichts Paradiesisches finden. Dafür schnappte er aber die Bemerkung eines Bauern neben sich auf, der zu einem anderen sagte: »Ich habe gehört, daß es im Westen Länder gibt, in denen alles wächst und gedeiht, wo es große Maschinen gibt, die den Menschen die Mühsal so schwerer Arbeit abnehmen und in denen alles, was das Herz begehrt, in so großem Überfluß da ist, daß die Menschen viele Dinge einfach wegwerfen, weil sie zuviel davon haben: Essen, Kleider, ja, sogar ganze Möbelstücke und anderes mehr.« Vielleicht ist dort das Paradies zu finden, dachte der Engel, nahm noch schnell einen Schluck frischen Quellwassers und war schon auf dem Weg in Richtung Westen.

Der Mann hatte nicht gelogen. Da gab es einfach alles in Hülle und Fülle: Obst und Gemüse, Fleisch, Milch Butter und Fisch, Kleidung und Schuhe in allen Formen, Farben und Größen, Häuser mit kostbaren Teppichen und Bildern, Schulen und Universitäten, Kindergärten und Krankenhäuser, Kirchen und Paläste, Gartenanlagen und Parks.

»Jetzt habe ich endlich gefunden, was ich suche«, frohlockte der Engel, »da werden sie im Himmel aber staunen, wenn ich ihnen endlich berichten kann, wo das Paradies auf Erden ist. Ach, wie sie mich ausfragen werden, welche Auszeichnungen ich wohl bekomme.« Diese Welt wollte er in sich aufsaugen, davon wollte er erzählen können. Wie über alle Maßen mußten die Menschen glücklich sein, die hier lebten. Er wollte teilhaben an ihrem Glück und eilte zu einer Gruppe Jugendlicher, die auf einer Treppe hockte.

»Willst du auch eine?« fragte ihn einer der Jungen und hielt ihm eine Pfeife hin.

»Was ist das?« fragte der Engel, dem der Qualm, der aus der Pfeife aufstieg, so gar nicht nach Weihrauch roch.

»Oder stehst du mehr auf kleinen bunten Pillen oder auf Schnaps?« fragte ihn ein anderer. »Manchmal muß man einfach was schlucken, sonst ist das Leben hier nicht auszuhalten«, fügte der erste ungefragt hinzu.

»Wir haben keine Arbeit«, sagten die einen, »unsere Eltern haben keine Zeit für uns«, jammerten die anderen. »Unsere Umwelt ist kaputt«, »der Boden vergiftet«, »die Flüsse verseucht«, »der Wald im Sterben«, »wir wissen überhaupt nicht, was das Leben überhaupt für einen Sinn hat«, fügte sich eine Klage an die andere. »Nur mit Hilfe von Rauschmitteln können wir dieser Welt gelegentlich entfliehen.«

Dem Paradies entfliehen? Unser Engel verstand überhaupt nichts mehr. Hier stimmte doch irgendetwas nicht. Er eilte zu einer Gruppe von Frauen und Männern, die hastig hin- und herliefen. »Wir gehen zur Arbeit«, sagten die einen, »wir haben keine Zeit für Auskünfte«, antworteten sie ihm hastig, als er sie nach dem Sinn der Rennerei fragte. »Wir müssen noch einkaufen«, erwiderten einige, »wir müssen uns fortbilden«, sagten wieder andere, »wir müssen Überstunden machen, damit wir mehr Geld verdienen und uns mehr Dinge kaufen können. Dann bewundern uns unsere

Nachbarn und unsere Freunde.« »Wir nehmen uns Arbeit mit nach Hause, wir wollen Karriere machen, eine hohe Position bekleiden, dafür leben wir, wenn wir diese Ziele erreicht haben, haben wir das Paradies auf Erden«, erläuterten sie ihm. Aber die, die schon hohe Positionen erreicht hatten, sahen erst recht nicht glücklich und erlöst aus. Im Gegenteil. Sie hatten müde und vor Sorgen vergrämte Gesichter, nahmen ständig irgendwelche Tabletten gegen Kopfschmerzen, für den Kreislauf, zum Schlafen oder zum Wachwerden, zum Abnehmen oder gegen Appetitmangel, ja, es gab sogar Pillen gegen die Angst.

Die schaufeln sich ja hier ihr eigenes Grab, dachte der Engel, das sieht ja nun auch nicht nach dem »Himmel auf Erden« aus. Hier haben sie doch nun eigentlich alles, was sie brauchen, und doch schaffen sie sich hier ihre eigene Hölle. Und ganz im Stillen begann auch in seinem ehrgeizigen Herzen der Zweifel zu nagen, ob es wohl so erstrebenswert sein kann, allein dafür, mehr Ansehen zu gewinnen, solche Strapazen auf sich zu nehmen.

Jeder schuftet hier für sich allein, sieht im anderen den Konkurrenten oder Neider, kaum irgendwo sind ein paar fröhliche Menschen anzutreffen, die ihr Leben wirklich miteinander teilen.

Diese Hektik, dieser Gestank in den Städten, machten ihn halb krank. So flüchtete er in die Stille des Landes. Der Optimismus, mit dem er einst vom Himmel aufgebrochen war, das Paradies auf Erden noch irgendwo zu finden, war schon ziemlich dahingeschmolzen. Auch die Stille und die Einsamkeit in der Weite des Landes machten ihn nicht froh, und er empfand eine tiefe Sehnsucht nach der Gemeinschaft mit den anderen Engeln. Doch er gab noch nicht auf. Er suchte das Paradies bei den Kindern in der Schule: doch was er fand, waren Angst und Leistungsdruck; er suchte es bei den Alten und Kranken: doch was er fand, waren Isolierung und Einsamkeit. Als er seine Hoffnung schon fast aufgegeben hatte, las er mit klopfendem Herzen auf einem Reise- und Urlaubsprospekt: Ferienparadies. Das mußte es sein. Er suchte Kurorte und Seebäder auf, doch was er fand, waren übervolle Strände, überanstrengte Kellner und gehetzte Touristen, die unter dem Druck standen, in den drei oder vier Wochen Urlaub das versäumte Leben während des Alltags nachholen zu müssen und von einem Freizeitangebot zum anderen hetzten.

Selbst allmählich müde geworden von den endlosen Wegen, die er letztlich so erfolglos zurückgelegt hatte, grenzenlos enttäuscht und wenig engelhaft, machte er sich verstohlen und leise zurück auf den Weg zum Himmel.

Und ich werde ihn fragen, schwor er sich, ich werde Gott fragen, was es mit der Legende vom Paradies auf Erden auf sich hat.

Still und von den anderen unbemerkt, schlich er sich wieder auf seine Wolke. Welche Blamage, dachte er. Wenn die anderen erfahren, wo ich war und was ich gesucht habe, und daß ich mit leeren Händen zurückgekommen bin, werden sie mich auslachen, daß es von den Himmelsgewölben nur so widerhallen wird. Und er schämte sich still.

Nachdem er sich ein wenig von den irdischen Strapazen ausgeruht und Flügel und Heiligenschein aus ihrem Versteck hervorgeholt und wieder angelegt hatte, faßte er sich schließlich doch ein Herz und trat zu Gott vor. »Ich habe«, gestand er leise, »heimlich das Paradies auf Erden gesucht, aber ich habe es nirgendwo gefunden, weder im Norden noch im Süden, weder im Osten noch im Westen. Gibt es gar kein Paradies auf Erden?!«

»Du hast«, antwortete ihm Gott, »einen Ort gesucht, einen dauerhaften Zustand von Paradies. Nein, wahrlich, den gibt es nicht auf der Erde. Und dennoch bist du ständig ganz nah am Paradies vorbeigelaufen.«

»Ich bin daran vorbeigelaufen?« fragte der Engel verzweifelt, aber ich habe mich doch überall umgesehen!«

»Du hast es nicht gefunden«, antwortete ihm Gott, »weil du nur dich selbst und dein Ziel vor Augen gehabt hast. Das hat dich blind gemacht. Du wolltest Ehre und Auszeichnung, das hat dein Herz hart und deine Seele stumm gemacht, und wie wolltest du wohl mit blinden Augen, verstocktem Herzen und verschlossener Seele das Paradies finden? Ich sende dich noch einmal auf die Erde. Geh in das kalte Land und wärme die frierenden Menschen dort mit liebevollen Gedanken von innen her; mache dich dann auf in das heiße Land, mache den Menschen dort Mut, teile ihre Armut, daß sie spüren, daß du zu ihnen hältst und öffne zugleich die Seelen der Reichen, daß sie deinem Beispiel folgen und die Not der Armen zu ihrer eigenen Sache machen und ihren Reichtum mit ihnen teilen. Geh zu den Landarbeitern und nimm einem Kind den Pflug aus der Hand, damit es Zeit zum Spielen findet. Nimm die verzweifelten und mutlosen Jugendlichen mit zu den Einsamen, Alten und Kranken und sie werden spüren, daß Gemeinschaft Sinn schenkt und Rauschmittel überflüssig macht. Stell dich den Verhetzten in den Weg, daß sie zur Ruhe kommen und die natürliche Schönheit des Lebens nicht künstlich zerstören. Befreie die, die nur in äußerer Macht und Herrlichkeit ihr Leben suchen dazu, die eigentlichen Reichtümer in der Mitte des eigenen Lebens zu entdecken.«

»Und da soll das Paradies sein?« fragte der Engel ungläubig.

»Das Paradies auf Erden ist da, wo du all deine Kräfte der Seele, des Körpers und des Geistes dafür einsetzt, Mut zum Leben zu machen, Freude zu schenken, Leben zur Erfüllung zu bringen. Da, wo du dich auf das Leben einlassen kannst, wo und wie immer es dir begegnet, außerhalb deiner selbst – oder in dir selbst, da wird es immer wieder Augenblicke der Erfüllung geben: für andere – durch dich; und für dich – durch andere. Da ist das Paradies in dir selbst. Du wirst es nie festhalten können, denn wenn du spürst, daß du es gefunden hast, ist es schon wieder entschwunden.«

»Dann will ich mich schnell auf den Weg machen«, sagte der Engel übereifrig, »ich will nur noch schnell meine Flügel putzen, damit auch alle sehen, daß ich komme und sie glücklich machen will.«

»Aber nein«, antwortete Gott geduldig, »laß deine Flügel nur hier. Wo immer du Menschen in Liebe begegnest, wo du durch ihre Augen eintrittst in ihre Seelen und sie in ihrer eigenen Mitte berührst, so daß sie empfänglich werden für die Vielfalt des Lebens, wo ihre Schmerzen abklingen und sie heil werden an Leib oder Seele, da spüren sie auch ohne deine Flügel, daß ihnen ein Engel begegnet und das Tor zum Paradies auf Erden offen ist.«

Alles wird wieder gut

ES WAR AM TAG vor dem Heiligen Abend, also zu dem Zeitpunkt, an dem man allgemein in den letzten Zügen für die Vorbereitung des Weihnachtsfestes liegt, als ich heftige Ohrenschmerzen bekam. Ich war der Verzweiflung nahe. Vor mir stand ein großer Teller voller Lebkuchen, die auf einen Schokoladenüberzug warteten, der bestellte Braten wollte noch vom Metzger abgeholt werden, und die Fenster machten nicht gerade den Eindruck, als könne der Stern von Bethlehem durch sie hindurch ins Wohnzimmer leuchten.

Ich kannte den Arzt. Ohne Anmeldung konnte man da gut und gerne zwei Stunden im Wartezimmer verbringen, verzweifelt damit beschäftigt, die Illustrierten von vorn nach hinten und dann wieder von hinten nach vorn durchzublättern. Was interessierten einen schon die letzten Affären in europäischen Königshäusern, wenn man geistig damit beschäftigt war zu überlegen, wie der Christbaumständer am besten zu reparieren sei.

Aber es half alles nichts. Die Schmerzen waren unerträglich. »Besser, dir passiert das heute als morgen«, versuchte ich mich selbst zu trösten, aber vergeblich. Entnervt verließ ich das Haus und vergaß in der Eile, mir für die Zeit des Wartens ein Buch einzustecken. Natürlich sprang die Ampel gerade auf Rot, als ich an der Kreuzung ankam, so daß mir die Straßenbahn vor der Nase wegfuhr.

An solchen Tagen geht dann ja bekanntermaßen so

ziemlich alles schief. Völlig sinnlos trat ich von einem Bein auf das andere, als könne ich damit eine Verkürzung der Ampelphasen erreichen. Als es endlich grün wurde, lief ich ebenso sinnlos los, denn weit und breit war keine Straßenbahn zu sehen. Fast hätte ich dabei ein kleines Mädchen über den Haufen gerannt, das direkt auf mich zugekommen war. Ein breites Lächeln begegnete mir aus dem mongoloiden Gesicht, die scheinbar aus einer anderen Welt kommenden Augen begegneten meinen verzweifelten Blicken, freundlich grüßte mich das fremde Kind: »Hallo, du, wie geht es dir?«, so als wollte es mir sagen: »Nun wein' mal nicht, das wird schon wieder.«

Ich weiß nicht, was mich in diesem Augenblick dazu zwang, »danke, gut« zu sagen. Ich ertappte mich dabei, daß das unbekannte Kind mich dazu gebracht hatte, zurückzulächeln. Dieses Mädchen hatte für einen Augenblick lang mein Herz berührt. So müßte man leben können, dachte ich unwillkürlich, einen Tag vor Weihnachten streßfrei die Gehetzten ins Gesicht lächelnd fragen: »Hallo, wie geht es dir?«

Aber als ich auf dem Behandlungsstuhl saß, war die Verzweiflung wieder da. Die schmerzhafte Untersuchung, die verlorene Zeit und der dadurch entstandene Druck, was noch alles zu erledigen sei, trieben mir die Tränen in die Augen. Der Arzt sah mich an: »Alles wird wieder gut«, sagte er freundlich. Jetzt hätte ich erst richtig losheulen können. Mich beschlich die gleiche Scham wie bei der Begegnung mit dem behinderten Kind. Ich, die ich mein Leben immer so fest im Griff hatte, die plante und organisierte und zumeist wußte, wo es langging, ich ließ mich von dem breiten

Grinsen eines Kindes und der wohlmeinenden Phrase eines Arztes bis ins Herz anrühren.

Vielleicht waren es aber auch Kindheitserinnerungen, die, unvermittelt angestoßen, mich bewegten. Meine Mutter hatte ein Kinderbuch, aus dem sie mir einst Geschichten vorgelesen hatte, wenn ich krank war. Es trug die Worte als Titel, mit denen mein Arzt mich hatte ermutigen wollen: »Alles wird wieder gut.« Kleine Happy-end-Geschichten, von einem kleinen Jungen, der abends nicht mehr ins Bett gehen mochte und der erst merkte, nachdem er sich bei strömendem Regen im Wald bis hin zur Erschöpfung verlaufen hatte, wie geborgen er daheim und wie wundervoll sein warmes Bett war – oder von einem willkürlich zerstörten Rosenstrauch, der, aller Gewalt zum Trotz, wieder neue Triebe ansetzte.

»Alles wird wieder gut.« Eine tiefe Sehnsucht ergriff mich, heute, als erwachsene Frau, wenigstens gelegentlich dem Leben solch kindliches Vertrauen und den kleinen Katastrophen des Alltags mehr Gelassenheit entgegenzubringen. Nicht ständig sein Leben verplanen, sondern dem Zufälligen mehr Gelegenheit und der Hoffnung mehr Raum geben, daß das, was heute nicht gelungen ist, sich morgen schon richten wird.

Am Abend, nachdem auch der letzte Lebkuchen mit Schokoladenguß überzogen war, begann ich, müde zwar, aber mit heiterer Ruhe, den Christbaum zu schmücken. Aus den Lautsprechern tönten Weihnachtslieder. Bei »Christ, der Retter ist da«, horchte ich auf. Vielleicht ist das der Kern von Weihnachten, dachte ich: sich darauf verlassen können, daß der Christus in der eigenen Seele geboren wird, daß es Kräfte gibt, die uns hindurchretten, wenn wir das Gefühl haben, daß uns das Wasser bis zum Halse steht. Hoffen können, daß es jenseits aller Machbarkeiten eine Macht gibt, die uns von innen her leise lächelnd zuflüstert: »Alles wird wieder gut.«

Dein Engel rettet dich

LICHT
flimmert hell
über den Wassern.
Vielleicht ist es
ein Engel,
der dich behutsam
und mit sicherer Hand,
hindurchrettet
an die angstfreie Seite
des Ufers,
wo du befreit durchatmen
und getrost wieder
Fuß fassen kannst.

Mache dich auf

MACHE DICH AUF DEN WEG
und suche das Licht,
das tief in deiner Seele
unter vielen Traurigkeiten
fast verloschen ist.

Mache dich auf den Weg
und grabe die Hoffnung aus,
die tief in deiner Seele
unter tausend Ängsten
ganz verschüttet ist.

Mache dich auf den Weg
und laß die Lebenskräfte frei,
die tief in deiner Seele
durch erlittene Schmerzen
ganz gefesselt sind.

Mache dich auf den Weg
und finde wieder heim
zu dir selbst.
Und du wirst wieder
leuchten
und hoffen
und leben.

Werden dürfen wie ein Kind

AN WEIHNACHTEN feiern wir die Geburt des Kindes in Bethlehem, die Geburt Jesu Christi, in dem Gott uns Menschen nahe kommt. Aber es geht an Weihnachten um mehr, als um das Gedenken an ein historisches Ereignis. Es geht zugleich um die Frage, wo dieser Christus in uns selbst, heute, geboren wird, welche Hoffnungen und Lebensräume uns die Geburt des göttlichen Kindes in der eigenen Seele eröffnet.

Die Theologin Dorothee Sölle hat einmal gesagt, daß sie Jesus Christus für den glücklichsten Menschen hält. In welcher Weise können Kinder uns dazu beleben, verloren geglaubte Lebendigkeit und Sehnsüchte in der eigenen Seele neu zu entdecken, damit auch wir erfüllter und sinnvoller leben können, um selbst zu ganzheitlichen, glücklichen Menschen zu werden?

Geboren werden,
ein Kind werden,
dafür sagen wir auch:
das Licht der Welt erblicken.
Wir erblicken das Licht der Welt einmal
– am Anfang unseres Lebens –
wachsen heran,
werden erwachsen.
Im Markusevangelium heißt es:
»Wenn ihr nicht werdet, wie die Kinder,
werdet ihr nicht in das Reich Gottes eingehen.«
Die Welt erfassen, wie ein Kind,
das heißt also:

auch im Erwachsensein
immer wieder das Licht der Welt zu erblicken,
uns selbst und die Welt neu wahrzunehmen.
Die Lichter, die wir anzünden,
sollen ein Symbol dafür sein.

Unbefangen in den Tag hineinleben
wie ein Kind,
und sich der Faszination des Spiels,
der Lust am Augenblick ganz hingeben dürfen.
Die Welt im wahrsten Sinne des Wortes
mit allen Sinnen ertasten, erspüren, begreifen.
Staunen können,
Traurigkeit und Freude,
Begeisterung und Enttäuschung,
Liebe und Haß
unmittelbar Ausdruck geben.
Sich behütet und beschützt wissen
und sich nicht sorgen müssen
um Essen und Trinken,
um Nahrung und Lebensraum.
Jemanden haben,
dem man blindlings vertrauen kann,
der Tränen trocknet
und auf Wunden ein Trostpflaster legt.
Hin und wieder über die Stränge schlagen
und etwas Verrücktes tun,
das die starren Maßstäbe des Alltags
im wahrsten Sinne des Wortes ver-rückt
und ihnen damit ihre Strenge und ihren Ernst nimmt.
Nichts leisten müssen,
um angenommen und geliebt zu sein.

Werden wollen,
werden können
wie ein Kind,
eine Illusion,
eine weltfremde Phantasie,
ein Traum?
Ein Traum von einer anderen Welt,
in der Menschen einander offen begegnen,
ohne gekünstelte Höflichkeit,
von einer Welt,
in der Kreativität und Phantasie
das Zusammenleben farbiger machen,
wo Lebenssinn mit allen Sinnen erfahren wird
und die Freude am Spiel, die Lust am Augenblick
wichtiger sind als Leistung und Nützlichkeit.
Der Traum von einer Welt,
in der Aggressionen spielend ausgetragen werden,
so daß es keinen Ernstfall mehr gibt,
und in der Menschen
sich miteinander freuen können,
auch wenn sie eine andere Hautfarbe haben
und eine andere Sprache sprechen.

Ist dieser Traum lebbar?
Vielleicht bleibt er eine Phantasie,
eben ein Traum.
Aber Träume sind notwendig,
Träume bewegen und befähigen uns,
über das Bestehende hinauszudenken,
damit unser eigenes Leben fröhlicher
und die Welt menschenfreundlicher wird.

Als hättest du Flügel bekommen

HAST DU SCHON EINMAL
in der Begegnung mit einem Menschen erlebt,
daß verloren geglaubte Hoffnungen
wieder in dir aufbrachen
und sich dir innen und außen
neue Welten erschlossen haben?

Hast du schon einmal erfahren,
daß das Wort eines Menschen dich aufgerichtet
und seine Zärtlichkeit
dich zu neuem Leben erweckt hat?

Hat dich schon einmal das liebende Lächeln
eines Menschen berührt,
das dir in der Tiefe eines Augen-Blicks sagt:
Du bist unendlich wertvoll,
dein Leben hat einen Sinn?

Hast du schon einmal
in der Nähe eines Menschen gespürt,
daß alle Angst und Last von dir wich,
und du beschwingt deinen Weg gehen konntest,
als hättest du Flügel bekommen?
Wenn du solches erlebt hast,
ist dir ein Engel begegnet.

Neue Nachbarn

»AUCH DAS NOCH«, stöhnte Frau Weber. »Muß ausgerechnet eine Familie mit vier Kindern hier einziehen? Das wird Radau geben!« Frau Weber war Rentnerin, seit Jahren verwitwet und an ihre Ruhe gewöhnt. »Am besten bringe ich denen erst einmal die Hausordnung 'rüber. Daß die sich von vornherein daran gewöhnen, ihre Fahrräder nicht im Hausflur abzustellen. Und ab 22 Uhr ist Nachtruhe, da wird die Haustür abgeschlossen, und da will ich auch keine Musik mehr hören.« Sie klingelte bei Bergers.

Die fünfjährige Simone riß die Tür auf, während ihr elfjähriger Bruder Marc gerade versuchte, im Flur einen Elfmeter auf die Wohnungstür abzugeben. Der Ball traf Frau Weber an der linken Hand. Vor Schreck ließ sie die Hausordnung fallen und wurde blaß, lief aber in Sekundenschnelle feuerrot an.

»Was fällt euch ein, in der Wohnung Fußball zu spielen!« keuchte sie zornig. »Hier ist die Hausordnung«, mühsam bückte sie sich nach dem Stück Papier, »und wenn ihr euch nicht daran haltet, dann habt ihr die längste Zeit hier gewohnt.« Wutschnaubend drückte sie den Kindern den Zettel in die Hand und wollte gerade die Tür von außen zuziehen, als Frau Berger im Hintergrund erschien.

»Sie sind sicher Frau Weber, unsere Nachbarin. Kommen Sie doch herein, mögen Sie eine Tasse Kaffee?«

Zehn Minuten früher wäre Frau Weber vielleicht auf diese freundliche Einladung eingegangen, jetzt aber, nachdem sich alle Vorurteile gegenüber der kinderreichen Familie bestätigt hatten, fuhr sie Frau Berger nur an: »Bevor Sie sich gemütlich zum Kaffeestündchen hinsetzen, erziehen Sie erst einmal Ihre Kinder. Fast hätte ich einen Fußball an den Kopf bekommen. Das hier ist eine Wohnung und weder ein Fußballplatz noch ein Kinderspielplatz. Einen schönen Tag noch.« Wütend zog sie sich in die Idylle ihrer eigenen vier Wände zurück.

Das kann ja heiter werden, dachte sie. Viel weiter kam sie auch nicht mit ihren Gedanken, denn schon war von nebenan neuer Lärm zu hören, undefinierbare Rhythmen und Geräusche, die kaum noch als Musik zu bezeichnen waren.

Sie klingelte erneut bei Bergers. Dieses Mal öffnete der siebzehnjährige Sven. Doch bevor er auch nur ein Wort herausbringen konnte, tobte Frau Weber: »Stellen Sie Ihre Musik, oder was immer das sein soll, auf Zimmerlautstärke, sonst beschwere ich mich über Sie und Ihre Familie beim Hausverwalter«, drehte sich auf dem Absatz um und verschwand wieder in ihrer Wohnung.

Das kann ja heiter werden, dachte nun auch Frau Berger. Ich kann meine Kinder doch nicht anbinden. Rücksichtnahme ja, aber Kinder machen nun einmal auch Lärm. Schließlich wohnen wir ja hier nicht in einem Altenheim.

In den kommenden Wochen verging kein Tag, an dem Frau Weber und Familie Berger nicht aneinander gerieten. Einmal hatten die Kinder tatsächlich ihre Fahrräder im Hausflur abgestellt, ein andermal hatten sie sich die Schuhe nicht auf der dicken Fußmatte an der Haustür abgerieben und den ganzen Schneematsch in das frisch geputzte Treppenhaus getragen, wieder ein andermal dröhnte der Fernsehapparat bis tief in die Nacht. Der Höhepunkt aber war, als Marc bei seinem Fußballtraining im Hof die Scheibe zu Frau Webers Küchenfenster durchschoß. Zwei Blumentöpfe kippten dabei nach innen, zerbrachen hell auf den Fliesen und hinterließen auf dem fein säuberlich gewischten Küchenboden unansehnliche Haufen von Tonscherben und Erde, ganz abgesehen von den Geranien, die diesen Sturz auch nicht unversehrt überlebten.

»Jetzt ist das Maß voll. Heute noch geht ein Brief an die Hausverwaltung. Seht euch beizeiten nach einer neuen Wohnung um!«

Frau Weber war wütend, aber zugleich auch in der Tiefe ihrer Seele befriedigt. Endlich hatte sie ein schlagkräftiges Argument gegen die neuen Nachbarn. Das mußte die Kündigung nach sich ziehen.

Bei Bergers hielt man abends Familienrat. Alle wußten, daß Frau Weber ihre Drohung wahrmachen würde. Alle wußten auch, daß es nicht leicht ist, für eine Familie mit vier Kindern eine Wohnung zu finden. Es hatte Monate gebraucht, bis sie endlich diese einigermaßen geräumige Wohnung gefunden hatten, in der wenigstens die beiden Älteren ihr eigenes Zimmer haben konnten und die von der Miete her gerade noch erschwinglich war. Zähneknirschend fand sich Marc schließlich dazu bereit, zu Frau Weber zu gehen und sich zu entschuldigen. Seine Eltern würden die zerbrochene Fensterscheibe selbstverständlich ersetzen, hatte der Vater ihm noch eingeschärft.

Aber soweit kam er gar nicht. Frau Weber hatte ihn durch den Spion erkannt und die Tür gar nicht erst aufgemacht. »Es gibt keine Entschuldigung, heute noch schreibe ich den Brief an die Hausverwaltung«, rief sie von innen.

Kleinlaut zog Marc wieder ab.

»Das war's dann wohl«, meinte die Mutter. Wenn ein gutgemeintes Wort der Entschuldigung nicht angenommen wurde, was sollte man dann tun?

Von jetzt an wartete die ganze Familie auf das Kündigungsschreiben. Aber das kam nicht. In der gedrückten Stimmung, in der sich die Bergers befanden, verhielten sie sich auch sehr ruhig, so daß sie für einige Tage Frau Weber nicht zu Gesicht bekamen.

Nach einigen Tagen aber entkrampfte sich die gedämpfte Stimmung bei Bergers wieder. Anja hatte eine Platte mit flotter Musik aufgelegt und übte sich in ersten Tanzschritten, als das Telefon ging.

»Könnt ihr bitte die Musik leise stellen, ich bin krank«, vernahm Anja die matte Stimme der Nachbarin.

»Geht das Gemeckere schon wieder los«, stöhnten die anderen, als Anja ihnen von dem Anruf berichtete.

»Vielleicht sollte man sie mal fragen, ob wir ihr helfen können, wenn sie krank ist«, meinte Anja. »Schließlich ist sie allein und hat niemanden, der sich um sie kümmert.«

»Bist du total verrückt geworden?« Marc war außer sich. »Die alte Schnepfe will uns hier aus der Wohnung herausschmeißen, und du willst noch den barmherzigen Samariter spielen?«

»Hast du das in der Konfirmandenstunde gelernt?« lästerte Sven. Die Eltern schwiegen. Vielleicht hat Anja recht, dachte die Mutter, aber die Wut über die sich täglich beschwerende Nachbarin hatte sie selbst auch verärgert. Zudem saß ihr die Angst vor der Kündigung im Nacken.

»Meinst du das denn ehrlich, Anja, willst du wirklich Frau Weber helfen oder willst du dir nur selbst beweisen, was für ein großherziger Mensch du bist?« fragte der Vater nachdenklich.

»Vielleicht ist sie so feindselig uns gegenüber, weil wir eine Familie sind und uns haben«, gab Anja zu bedenken.

»Ein Mensch, der dauernd an anderen herummeckert, ist ja wohl auch mit sich selbst wenig zufrieden«, fügte Sven nachdenklich hinzu.

»Vielleicht würde sie dann merken, daß Kinder auch Menschen sind«, unterstrich Marc.

Die Eltern waren völlig verblüfft. Sie hatten sich wohl bemüht, ihre Kinder zu Rücksichtnahme und dem, was man allgemeinhin unter Nächstenliebe versteht, zu erziehen, aber daß sie nach allem, was vorangegangen war, eine solch ehrlich gemeinte Hilfsbereitschaft an den Tag legten, machte sie nahezu sprachlos.

»Versucht es«, meinte die Mutter schließlich.

Am nächsten Tag klingelte Marc bei Frau Weber.

Sie sah durch den Spion und fragte: »Was willst du?«

»Ich wollte fragen, ob ich Ihnen etwas einkaufen kann, Sie sind doch krank«, setzte er fast entschuldigend hinzu.

»Ich brauche nichts«, erwiderte die Stimme der alten Frau hinter der Tür und setzte nach einigem Zögern ein klägliches »Danke« hinzu.

Wer nicht will, der hat schon, dachte Marc, schwang sich auf sein Fahrrad und radelte zur Schule. Beim Mittagessen berichtete er von Frau Webers Reaktion.

»Die wird sich scheuen, von unserer Familie Hilfe anzunehmen«, meinte die Mutter, »nach den täglichen
Attacken, die sie uns hier geliefert hat.« Bevor man
darüber diskutieren konnte, ob man der zänkischen
Nachbarin weitere Hilfsangebote machen sollte, kam
Simone schreiend und nasenblutend aus dem Kindergarten, und die Mutter hatte erst einmal damit zu tun,
die Kleine zu verarzten und sich erzählen zu lassen,
was vorgefallen war. Das Thema »Frau Weber« war
vorerst vom Tisch.

Am Nachmittag ging Anja zur Konfirmandenstunde.
Sie hatten neulich tatsächlich die Geschichte vom
»Barmherzigen Samariter« durchgenommen. Vielleicht
muß man manchmal gar nicht so viel fragen, ob jemand
Hilfe haben will, dachte sie. Der Samariter hat sich auch
nicht erst auf große Diskussionen eingelassen. Er sah,
da war ein Mensch in Not. Und er half. Heimlich hatte
sie den Rest ihres Taschengeldes eingesteckt, dazu die
zehn Mark, die sie neulich von den Großeltern für ihre
gute Mathematikarbeit bekommen hatte. 27,80 DM
rechnete sie zusammen. Fünf Mark würde sie noch für
den Besuch der Kunstausstellung in der nächsten Woche mit ihrer Klasse brauchen, blieben 22,80 DM.

Während der Konfirmandenstunde war sie heute nicht
bei der Sache. Aber was machte es schon, daß sie von
dem Pfarrer sogar eine Rüge wegen Unaufmerksam-
keit bekam. Sie hatte Wichtigeres zu tun. Sie wollte
heute ja nahezu ein biblisches Experiment starten. Was
sollte sie von ihrem Geld für die kranke Nachbarin
kaufen?

Als sie im Supermarkt stand, entschied sie sich für eine
Flasche Saft, für Obst, Joghurt, Käse und Eier. Von den

verbleibenden 7,20 DM erstand sie auf dem Blumenmarkt noch einen kleinen Strauß Rosen.

Was aber, wenn Frau Weber ihr auch gar nicht erst öffnen würde, wie bei Marc. Was sollte sie dann den Eltern erzählen, mit ihren Lebensmitteln in der Tasche? Sie mußte es geschickter anstellen. Frau Weber durfte gar nicht merken, daß eine von den Bergers vor der Tür stand.

Sie hatte auch schon eine Idee. Hoffentlich kommt nicht gerade einer von unserer Familie durch den Hausflur und ertappt mich, dachte sie. Das Herz klopfte ihr bis zum Hals. In der Konfirmandenstunde hörte sich das alles so schön an mit der Nächstenliebe, aber in der Praxis war das eine außerordentlich aufregende Angelegenheit, fand sie.

Schon war sie an der Haustür. Sie klingelte von draußen bei Frau Weber.

»Wer ist da?« ließ sich die Stimme der Nachbarin durch den Lautsprecher vernehmen.

»Ich habe ein Telegramm für Sie«, log Anja mit verstellter Stimme, »das ich Ihnen gern persönlich aushändigen würde.«

Der Türsummer ging, tatsächlich hatte Frau Weber ihre Wohnungstür aufgemacht. Sie sah blaß aus unter den aufgelösten grauen Haaren, die sie sonst immer zu einem straffen Knoten gesteckt hatte. In Pantoffeln und Bademantel stand sie in der Tür und machte einen ziemlich erbärmlichen Eindruck.

»Hätte ich es mir doch denken können, daß es wieder einer von euch ist, der mich ärgern will«, fauchte sie sofort, als sie Anja sah. Schon wollte sie ihre Haustür zuziehen, doch Anja war schneller.

»Warten Sie«, sagte sie, »ich habe kein Telegramm, aber ich habe Ihnen etwas mitgebracht.« Und sie drückte der verdutzten Nachbarin die Tüte mit den Lebensmitteln in die Hand, dazu auch den Strauß Rosen.

»Au, paß doch auf!« Frau Weber hatte in einen Rosendorn gegriffen. Doch Anja tat so, als höre sie diese erneute Rüge gar nicht. Sie sprudelte los: »Ich habe Ihnen von meinem Taschengeld etwas zu essen und zu trinken gekauft, weil Sie doch allein sind und niemanden haben. Und wenn Sie sonst etwas brauchen, dann klingeln Sie doch bei uns.« Am liebsten hätte sie noch hinzugefügt: »Wo unsere Klingel ist, wissen Sie ja«, schluckte diese Bissigkeit aber herunter.

»Danke« hätte sie ja wenigstens sagen können, dachte Anja enttäuscht und wollte gerade bei der elterlichen Wohnung klingeln, als Frau Weber, die mit der Tüte im Arm immer noch in der Tür stand, mühsam hervorbrachte: »Nett von dir. Ich bezahle dir das natürlich. Kannst du mir noch etwas aus der Apotheke besorgen?« Sie holte aus der Wohnung ein Arztrezept. »Hier ist das Geld.«

»Natürlich, aber was ich Ihnen mitgebracht habe, schenke ich Ihnen«, sagte Anja.

Auch in den kommenden Tagen und Wochen klingelte das Mädchen fast täglich bei der Nachbarin und machte Besorgungen für sie. Manchmal bat Frau Weber sie herein. Nach und nach erfuhr Anja etwas aus ihrem Leben. Daß sie selbst eine Tochter gehabt hatte, die bei der Geburt ihres Enkels gestorben war. Auch das Kind war nur wenige Tage alt geworden. »Ein Junge, der müßte jetzt in deinem Alter sein«, sinnierte die alte Frau. Der Schwiegersohn hatte bald wieder geheiratet und sich nicht mehr bei ihr blicken lassen.

Vielleicht ist sie durch all diese schmerzhaften Erfahrungen so verbittert geworden, dachte Anja. Oder sie denkt, wenn sie Kinder sieht, immer an ihren Enkel, den sie nie gesehen hat und ist deshalb so aggressiv gegen Kinder. Manchmal empfand sie so etwas wie Verständnis und Mitleid mit der Nachbarin.

Ihren Eltern erzählte sie von alledem nichts. Die zeigten sich nur einigermaßen erleichtert, daß sie von der angedrohten Kündigung nichts hörten.

Einige Tage vor Weihnachten klingelte es bei Bergers. Frau Berger öffnete und kriegte schon einen Schrecken, als sie Frau Weber vor der Tür sah. »Was gibt es jetzt wieder?« fragte sie schroff. Die alte Frau streckte ihr mit beiden Händen eine große Schüssel voll mit Lebkuchen, Nüssen, Schokoladenkringeln und allerlei anderen Leckereien hin.

»Etwas zum Naschen«, brachte sie verlegen hervor, »wo Sie doch so nette Kinder haben.« Schnell verschwand sie wieder in ihrer Wohnung.

Frau Berger stand sprachlos mit der köstlich duftenden Schüssel im Flur. »Jetzt verstehe ich die Welt nicht mehr«, brachte sie schließlich mühsam hervor. »Manchmal geschehen doch noch Zeichen und Wunder.«

Anja wurde rot, sagte aber nichts. Aus den Augenwinkeln bemerkte die Mutter die Veränderung ihrer Tochter und fragte: »Hast du was damit zu tun Anja?« Wozu sollte sie leugnen? Sie hatte doch nichts Schlechtes getan. Leise erzählte sie der Mutter von ihren Besorgungen für Frau Weber und von dem, was ihr die

Nachbarin so nach und nach aus ihrem Leben erzählt hatte. »Alle Achtung, Anja, du bist stärker als wir alle!«

Die anerkennenden Worte der Mutter ließen Anja erneut erröten, ermutigten sie zugleich zu einem neuen gewagten Vorstoß: »Du, Mutti, sollten wir Frau Weber nicht auch zu Weihnachten einladen, sie ist doch ganz allein.«

»Darüber müssen wir mit den anderen reden«, wich die Mutter aus. Sie konnte sich selbst nicht so gut vorstellen, den ganzen Heiligen Abend mit der Nachbarin zu verbringen, Mitleid hin oder her.

Am Abend diskutierte die ganze Familie über Anjas Vorschlag. Die Stimmung war gedrückt. Alle wußten, daß es eigentlich richtig wäre, die alleinstehende alte Frau zu sich zu bitten. Aber niemand konnte sich für Anjas Vorschlag begeistern.

»Wir sollten in unseren Gefühlen ehrlich bleiben«, meinte der Vater, »und nicht, weil Weihnachten ist, in eine Art Friede-Freude-Eierkuchenstimmung verfallen. Fest steht, daß wir Frau Weber nach den zahlreichen feindseligen Attacken gegen uns nicht sonderlich mögen.«

»Aber einen kleinen Schritt zum friedlichen Auskommen mit ihr könnten wir von uns aus tun«, sagte die Mutter leise.

Schließlich einigten sie sich darauf, Frau Weber nachmittags zum Kaffee einzuladen. Den Abend selbst wollte die Familie dann für sich allein verleben.

Bergers wohnten noch lange in ihrer neuen Wohnung. Die Nachbarschaft mit Frau Weber entwickelte sich nicht gerade zu einer innigen Freundschaft. Aber beide

Seiten lernten im Laufe der Jahre immer wieder neu, sich gegenseitig zu respektieren und im Notfall auch einmal für einander da zu sein. Und vielleicht ist das ja auch schon Frieden.

Fürchte dich nicht

FÜRCHTE DICH NICHT
vor dem kommenden Tag,
dem du dich nicht gewachsen fühlst,
und vor den Aufgaben,
die dich zu verschlingen drohen.

Fürchte dich nicht
vor den Menschen,
die anders sind als du
und die sich ein Bild
von dir gemacht haben,
das deiner Wirklichkeit
nicht entspricht.

Fürchte dich nicht
vor dir selbst
und vor all dem Dunklen
und Ungewissen in dir,
das dir manchmal so bedrohlich ist.

Fürchte dich nicht,
sondern vertraue auf die Liebe.
Die Liebe ist stärker als alle Ängste
und mächtiger als alle Tode
dieser Welt.
Wenn du einem Menschen,
vor dem du Angst hast,
in Liebe begegnest,
wirst du auch an ihm etwas finden,

das dir liebenswürdig erscheint,
so wie die Liebe
zu den Abgründen deiner eigenen Seele
dich zu deiner Tiefe
und damit auch zur Mitte
deines Wesens und deines Lebens
führen kann.
Darum:
Fürchte dich nicht.

Weil ich dich liebe

»UND, WAS IST, kommst du heute abend noch mit in die Disco? Du solltest deine Zeit als Strohwitwe noch ein wenig genießen. Wann kommt Matthias eigentlich zurück?«

»Morgen abend gegen 19 Uhr landet er in Frankfurt.«

»Ach, deshalb strahlst du so. Na, dann bist du ja ab morgen wieder in festen Händen. Da solltest du heute noch mal 'ne Sause machen, also, was ist?«

»Nichts ist, Lena. Ich habe noch so viel vor heute. Ich habe doch einen Schlüssel zu Matthias' Wohnung. Da will ich noch die Blumen gießen, etwas aufräumen.«

»Eine Flasche Sekt in den Kühlschrank stellen und die Betten anwärmen, ich kenne dich doch, Marie«, lachte Lena. »Wann heiratet ihr eigentlich?«

»Im nächsten Sommer, kannst dich schon drauf freuen, da machen wir ein riesiges Fest. Polterabend bei Matthias' Eltern auf der Terrasse, Hochzeit in der Martinskappelle oben am Berg, ganz romantisch.

»Donnerwetter, alles schon geplant. Und die Braut ganz in weiß?«

»Na klar, ich habe neulich schon mal Brautkleider anprobiert, aber nächsten Sommer ist die Mode vielleicht wieder anders, da warte ich noch. Wir können ja im Frühjahr mal zusammen Brautkleider probieren!« Marie hatte ganz rote Wangen bekommen vor Aufregung und Vorfreude.

»Nein danke«, sagte Lena, »ich will mich nicht so früh binden. Die Beziehung zu Max ist echt super, aber deshalb muß man doch nicht gleich heiraten.«

»Wenn du einen Mann liebst, willst du auch ganz zu ihm gehören«, sagte Marie leise.

»Bist du denn so sicher, daß Matthias der Richtige für dich ist?«

»Der oder keiner, Lena. So einen finde ich nicht wieder. Da stimmt einfach alles, er sieht toll aus, er ist charmant und zärtlich, wir haben die gleichen Interessen – und er trägt mich auf Händen. Ich liebe ihn eben und ich möchte bald ein Kind mit ihm haben.«

»Du wirst im nächsten Sommer erst zwanzig und willst schon ein Kind? Tobe dich doch erst einmal selbst aus.«

»Ich tobe mich mit Matthias aus, und das heftig«, lachte Marie. »So, Schluß jetzt, sonst machen die Geschäfte zu und ich habe noch nicht alles besorgt, was ich brauche. Ich werde morgen zur Feier des Tages nämlich ein Festmenü vorbereiten, mehr verrate ich jetzt aber nicht.«

»Wieso ist Matthias eigentlich ohne dich in Urlaub geflogen?« fragte Lena zögernd. »Weil ich bei uns in der Praxis jetzt keinen Urlaub gekriegt habe. Und für ihn war das ein einmaliges Angebot, ein Last-minute-Ticket. Südamerika war schon immer sein Traum. Warum soll ich ihm das nicht gönnen, man muß doch nicht immer so eng zusammensein. Auch wenn ich ihn wahnsinnig vermißt habe. Aber ich möchte nicht, daß unsere Ehe ein Gefängnis wird, so wie bei meinen Eltern, wo einer kaum einen Schritt ohne den anderen tun darf. Wenn man sich gegenseitig vertraut, kann man einander auch eigene Wege gehen lassen«, setzte sie nach einer Weile leise hinzu.

Marie starrte wie gebannt auf die Anzeigentafel am Flughafen. Dann endlich: 18.40 Uhr. Landung der Maschine aus Rio de Janeiro. Aber es dauerte schier noch eine Ewigkeit, bis sie sein braungebranntes Gesicht zwischen denen hunderter anderer Fluggäste entdeckte. Sie drängelte sich durch die Menge und schon umarmte sie ihn heftig. »Willkommen daheim, ich habe dich so vermißt!«

»Hallo, Marie, schön daß du mich abholst.« Er wußte nicht wohin mit dem Strauß roter Rosen, den sie ihm ungestüm in die Hand gedrückt hatte. Die Umhängetasche rutschte immer wieder von der Schulter. »Kannst du einen Kofferkuli besorgen?« bat er.

»Klar doch, bin gleich wieder da, warte hier.«

Endlich war das Gepäck im Kofferraum von Maries Golf verstaut. »Komm, Matthias, drück mich ganz fest, daß ich weiß, daß du wieder da bist.« Sie schmiegte sich in seine Arme.

»Laß uns erst mal nach Hause fahren«, bat er, »ich bin so durchgeschwitzt von dem langen Flug, ich möchte erst einmal duschen.«

Während er im Bad verschwand, zündete sie die Kerzen an und begann, das Essen zu richten.

»Du hast alles so liebevoll vorbereitet«, sagte er, als er im Wohnzimmer erschien. »Aber ich kann jetzt nichts essen. Es gab im Flugzeug schon so viel«, entschuldigte er sich fast.

Marie kamen die Tränen. Da hätte sie ja doch mit Lena in die Disco gehen können. Den ganzen Tag lang hatte sie sich bemüht, alles so schön wie möglich zu machen, und jetzt saß sie da mit ihrem Krabbencocktail und dem Coq au Vin.

»Iß du doch was«, ermunterte er sie. Aber Marie war jetzt auch der Appetit vergangen. Nur den Becher Himbeercreme nahm sie und löffelte ihn langsam leer. »Ist was?« fragte sie.

»Nein, was soll sein, ich bin nur müde, ich möchte erst einmal schlafen – allein«, fügte er hinzu, als er die Sektgläser auf den Nachttischen sah. »Versteh doch Liebes, ich war jetzt elf Stunden im Flieger, die Zeitverschiebung, der Klimawechsel, ich bin einfach nur müde. Bis morgen dann, okay?«

Wortlos schnappte sich Marie ihre Tasche und zog die Tür ins Schloß. Sie hatte das Gefühl, innerlich zu erfrieren und zu platzen. ›Was, dein Freund fährt allein nach Südamerika? Hat er das denn nötig?‹ Sie hatte diese und ähnliche Bemerkungen ihrer Kolleginnen gar nicht richtig gehört. Laß sie nur reden, die sind doch nur eifersüchtig. Und jetzt? Aber vielleicht war Matthias wirklich nur müde. Vielleicht fühlte er sich auch nicht wohl, möglicherweise hatte er sich eine Krankheit geholt und wollte sie, Marie, damit nicht beunruhigen. Vielleicht brauchte er einen Arzt. Ob sie noch einmal bei ihm vorbeifahren sollte? Warum hatte sie gleich so viele mißtrauische Gedanken gehabt. Alles würde sich morgen aufklären. Sie fuhr dann doch nach Hause. Wenigstens ist er wieder da, dachte sie, als sie sich unter ihrer Bettdecke zusammenrollte.

Aber an Schlaf war nicht zu denken in dieser Nacht. Immer wieder wachte sie auf, grübelte über Matthias' merkwürdiges Verhalten nach. Warum hatte sie nicht bei ihm übernachten dürfen? Einfach nur beieinander sein? Sie stand früh auf und nahm erst einmal ein ausgiebiges Bad. Dann begann sie, ihre Wohnung aufzuräumen, eine Beschäftigung, die sie sonst an freundlichen Sonntagmorgen tunlichst vermied. Aber die monotone Arbeit lenkte sie ab.

Gegen elf Uhr hielt sie es nicht mehr aus. Sie setzte sich ins Auto und fuhr los. Matthias kam im Bademantel an die Tür: »Ach, du schon?« fragte er.

Schweigend ging Marie in die Küche und kochte Kaffee. Als sie eine halbe Stunde später beim Frühstück saßen, holte sie tief Luft, sah Matthias unvermittelt an und fragte: »Du hast jemanden anderen kennengelernt, nicht wahr?«

Matthias starrte auf den Boden. »Das verstehst du nicht, Marie. Ich … «

»Vielleicht sagst du erst einmal, was los ist, und überläßt es mir, was ich verstehe oder nicht!« Ihr Hals war trocken, jedes Wort kostete sie Mühe.

»Ich habe auf der Rundreise in der ersten Woche ein paar nette Typen kennengelernt. Na ja, wir haben abends natürlich einen Zug durch die Kneipen gemacht, haben was getrunken. Es war eine Superstimmung, sage ich dir!«

Marie saß wie versteinert. Sie hatte das Gefühl, ganz weit weg zu sein, Matthias' Worte schienen wie durch einen dichten Nebel aus einer anderen Welt zu kommen. Sie wußte genau, was jetzt kam. Klar, wenn ein paar Männer zusammen was trinken gehen, da kann man den Versuchungen bestimmter Bars und Etablissements natürlich nicht widerstehen.

»Glaub mir, es war nur ein einziges Mal, Marie.«

Die Worte erreichten direkt ihre Magengegend. Ihr wurde schwindlig. Was hatte sie Lena doch vorgestern vorgeschwärmt, von einer Beziehung, in der man einander seine Freiheit lassen muß und kann, wenn man einander vertraut. Alles drehte sich um sie herum. »Ich konnte dir das nicht gleich gestern abend sagen. Aber ich will dich auch nicht belügen. Das hat doch mit uns nichts zu tun.«

Blödes Männergequatsche, dachte sie. Das sagen sie alle, wenn sie fremdgegangen sind. Man konnte es in jeder billigen Illustrierten nachlesen. Benommen von diesem elenden Druck in der Magengegend erhob sich Marie langsam. Wie in Trance nahm sie die Vase mit dem Strauß roter Rosen, den sie ihm gestern zum Flughafen mitgenommen hatte, knallte sie mit aller Wucht auf den Fußboden, so daß das kostbare Kristall in tausend Scherben zerplatzte und schnappte sich ihre Tasche. Krachend fiel die Tür ins Schloß, noch bevor Matthias begriff, was geschah. Sie sprang die Treppen hinunter, blind vor Tränen jetzt, als er ihr hinterhergestürzt kam: »Marie, warte, Marie!« Aber sie hörte sein Rufen nicht mehr.

Wie sie mit ihrem Wagen nach Hause gekommen war, wußte sie später nicht mehr. Zu Hause warf sie sich aufs Bett und ließ ihren Tränen freien Lauf. Aus der Traum von der großen Liebe, der Hochzeit, einer Familie mit Matthias.

Wochen gingen ins Land. Der Beruf, die alltäglichen Pflichten lenkten wenigstens vorübergehend von ihrem Schmerz ab. Ihren Eltern hatte Marie noch nichts von der geplatzten Hochzeit erzählt. Nur Lena zog sie nach einigen Wochen ins Vertrauen. Lena hörte zu. Den ganzen Abend. Kein höhnisches Grinsen, keine Schadenfreude, kein Spott. Das tat gut. Als sie

sich gegen Mitternacht voneinander verabschiedeten, nahm Lena sie in die Arme. Wieder begann Marie zu weinen. An diesem Abend hatte sich etwas gelöst von der Verzweiflung, die sie innerlich zu zerfressen drohte. »Am Samstag gebe ich eine Party, wäre schön, wenn du auch kommst. Das bringt dich mal wieder auf andere Gedanken, Marie.«

»Vielleicht Lena, vielleicht komme ich.«

Es wurde ein gelungenes Fest. Lena wunderte sich nur. Marie war wie aufgedreht, tanzte und flirtete wie wild. Irgendwann stellte Lena fest, daß Marie und Michael verschwunden waren. Sie war erstaunt. Das ist eigentlich gar nicht Maries Art. Aber im Grunde genommen war sie froh, daß Marie allem Anschein nach ihre große Liebe verschmerzt hatte.

Was sie nicht wußte war, daß Marie zu Beginn der Party von einem Bekannten von Matthias gehört hatte, daß Matthias sich auf seinem Südamerikatrip mit Aids infiziert hatte.

Marie hatte Matthias nicht vergessen. Sie hatte manchmal mit dem Gedanken gespielt, wieder zu ihm zurückzugehen. Darf ein einziger Ausrutscher unsere ganze Beziehung zerstören, hatte sie sich immer wieder gefragt. Immerhin war er offen und ehrlich zu ihr gewesen, er hätte ihr diesen Seitensprung ja auch gar nicht zu erzählen brauchen. Die Mitteilung, daß Matthias sich bei diesem einen Abenteuer mit dem tödlichen Virus infiziert hatte, hatte sie wie ein Keulenschlag getroffen. Sie war wie betäubt, trank einige Glas Whisky pur hintereinander und zog dann mit Michael ab.

Der Kater kam am nächsten Morgen. Der vom Alkohol dröhnende Kopf, der fremde Mann neben ihr im Bett, das jähe Entsetzen über Matthias' Krankheit verursachten Herzjagen und Magenkrämpfe. Ihr war schwindlig. Sie ging auf die Toilette und erbrach. Dann weckte sie ihren Bettgefährten ziemlich unsanft und warf ihn mit der Begründung, daß sie krank sei, kurzerhand hinaus. Sie riß die Fenster auf und machte sich einen starken Kaffee, der aber nicht viel half. Bis mittags versuchte sie noch einmal zu schlafen, aber vergebens. Am Nachmittag war sie bei ihren Eltern zum Adventskaffee eingeladen. Sie rief an. Es gehe ihr nicht gut, sie könne nicht kommen. Ihre Mutter war am Apparat.

»Du hast dich in den letzten Monaten rar gemacht, Marie. Ist was mit Matthias?« Ihrer Mutter hatte sie noch nie etwas vormachen können. Marie gab ein klägliches »Ja« von sich und begann, hemmungslos zu weinen.

»Ich komme vorbei?« Marie war froh, daß sie um das familiäre Zusammensein herumkam, denn nach Adventsstimmung war ihr nun gar nicht zumute. Sie war zugleich froh, daß ihre Mutter kam, dann war sie wenigstens nicht allein. Irgendwann mußten die Eltern ja doch erfahren, was los war.

Marie konnte sich nicht erinnern, je ein so gutes Gespräch mit ihrer Mutter gehabt zu haben wie an diesem Nachmittag. Marie erzählte ihr alles. Schonungslos. Ihre Mutter hörte ihr schweigend zu. Dann und wann eine Zwischenfrage vielleicht. Aber keine besserwisserische Bemerkung, keine moralischen Vorhaltungen, keine Ermahnungen. »Es ist dein Leben, Marie«, sagte die Mutter, »du mußt versuchen, deine Entscheidung für die Zukunft möglichst so zu treffen, daß du später einmal, rückblickend, dazu stehen kannst und nicht eines Tages bereuen mußt, daß du das, was du eigentlich wirklich wolltest, versäumt hast.«

Es war inzwischen dunkel geworden. Marie zündete nun doch eine Kerze an. Lange schaute sie schweigend in die flackernde Flamme. »Ich denke, ich weiß jetzt, was ich tun werde«, sagte sie leise. Zum Abschied umarmte sie ihre Mutter so innig wie schon seit Jahren nicht mehr.

Ein paar Tage vor Weihnachten klingelte sie bei Matthias. Er war überrascht und verlegen zugleich, sie zu sehen. »Du?« fragte er nur. Sie zog ungefragt ihren Mantel aus und ging ins Wohnzimmer.

»Ich habe noch einmal über alles nachgedacht«, sagte sie. »Ich weiß inzwischen selbst, wie schnell es einmal passieren kann, daß man sich vergißt.« Und sie erzählte ihm von Lenas Party und ihrer Affäre mit Michael.

Matthias schwieg. »Du weißt noch nicht alles«, brachte er mühsam hervor.

»Doch, ich denke schon.« Maries Stimme war jetzt doch belegt. »Daß du dich angesteckt hast.«

»Wer hat dir das gesagt?« Matthias war erschrocken, daß sich seine Infektion mit dem Aidsvirus schon zum Partygespräch entwickelt hatte.

»Robert hat es mir gesagt.«

»Und dann wagst du es noch, hierherzukommen? Oder willst du hier Mutter Theresa spielen, wo gerade Weihnachten ist. Paßt gut zusammen, einen christlichen Namen hast du ja schon. Mutter Marie!« Matthias wurde zynisch.

»Meine Güte, Matthias, ich stecke mich doch nicht dadurch an, daß ich die gleiche Luft mit dir atme. Und was den Zeitpunkt betrifft: ich war so verletzt nach deiner Affäre im Sommer, daß ich erst einmal einige Monate Abstand brauchte, um das alles zu verarbeiten und wieder Ordnung in mein Leben zu bringen – da fällt mir ein«, sie stand auf und holte ihre Tasche aus dem Flur, »ich habe dir noch etwas mitgebracht.« Wie selbstverständlich stellte sie ein großes Adventslicht auf Matthias' Couchtisch, zündete es an und legte dann noch ein paar Tannenzweige darum herum, darauf einen kunstvoll selbst gebastelten Strohstern. Schweigend saßen sie beieinander und sahen in die flackernde Flamme.

Plötzlich begann Matthias hemmungslos zu weinen: »Ich habe alles kaputtgemacht, Marie, mein Leben und deines mit!«

Marie setzte sich neben ihn auf das Sofa und umarmte ihn. »Ich bleibe bei dir«, sagte sie leise aber bestimmt. »Wir heiraten im nächsten Sommer, gerade so, wie wir es geplant haben. Ich habe mir das alles genau überlegt«, setzte sie noch halb entschuldigend hinzu, als sie Matthias' erschrockenes Gesicht sah.

»Du hast nichts begriffen«, erwiderte er. »Ich habe Aids, ich habe nur noch eine begrenzte Lebenserwartung. Du willst Kinder haben, aber ich kann keine zeugen, ohne dich selbst der Gefahr einer Infektion auszusetzen. Also, geh jetzt lieber. Es tut nur weh zu sehen, was ich alles leichtfertig für eine halbe Stunde Spaß zerstört habe.«

»Noch gibt es dich doch«, erwiderte Marie, »Es können Jahre vergehen, bis die Krankheit bei dir ausbricht, Matthias. Wie viele glückliche Tage können wir bis dahin gemeinsam erleben und genießen. Jeder Tag, ja, jede Stunde zählt. Wenn ich einen anderen Mann heirate, weiß ich auch nicht, ob der in fünf oder zehn Jahren einen Unfall hat oder sich von mir scheiden läßt. Das Glück, das wir in den gemeinsamen Jahren miteinander erleben, kann uns niemand mehr nehmen.«

»Und dein Kinderwunsch?« fragte er.

»Erst einmal bist du wichtig«, meinte Marie. »Wir können uns dann immer noch überlegen, ob wir Kinder adoptieren wollen.«

»Und ich bin dir jeden Tag, den ich noch lebe, zur Dankbarkeit verpflichtet für das große Opfer, das du mir bringst.«

»Ich kann ja verstehen, daß du verbittert bist, aber mach jetzt bitte nicht noch einmal alles kaputt. Vielleicht finden die Forscher in den nächsten Jahren ein Heilmittel gegen Aids. Noch gibt es allen Grund zur Hoffnung.« Sie drückte ihn liebevoll an sich und gab ihm einen Kuß.

»Ja, vielleicht hast du recht.« Matthias sprach sehr leise. In seiner Stimme war der zynische und bittere Tonfall verschwunden.

Sie saßen lange beieinander und schauten in das Kerzenlicht. Manchmal geschehen Wunder«, sagte Marie ganz unvermittelt in die Stille hinein.

»Ja«, sagte Matthias, »es ist schon ein Wunder, daß du mich nach allem, was war und bei allem, was ist, noch lieben kannst.«

Marie spürte, daß es Matthias ernst war mit diesen Worten und sah ihn erstaunt an. Dann versank sie tief in seinen Armen und schloß die Augen. Es war fast so wie früher und doch ganz anders.

Vom Himmel auf Erden

HERRSCHAFTSMACHT
verwandelt sich
in Zärtlichkeit.
Selbstherrlichkeit
wird befreit
zum wahren Selbst,
weil der Herr
ein anderer ist.
Soziale Unterschiede
werden überflüssig
und verlaufen
im Sande.
Grenzen
machen die Tore weit
und die Türen
in der Welt hoch
und frei
für den Weg
zueinander.
Raketen
werden nur gezündet,
um jeden Erdenbürger
zu begrüßen
auf einer Welt,
wo jeder satt wird.
Menschen
werden zu Engeln,
weil Gott
Mensch wurde.

Die Welt
wird auf den Kopf gestellt.
Das heißt:
den Himmel
auf Erden haben.

Aufregung um den Christbaum

»BRIGITTE, ELISABETH, FRANZ, kommt, ihr könnt schon einmal den Tisch decken!« rief die Mutter aus der Küche, in der sie mit allerlei Geschirr klapperte. Ein wohliger Duft nach gebratenem Geflügel mischte sich mit dem würzigen Geruch von in Butter gedünsteten Zwiebeln, Rosmarin und Thymian. »Nun macht schon, das Essen ist bald fertig!« Mit mißmutigen Gesichtern tauchten die beiden ältesten Geschwister auf.

»Und wo ist Brigitte?« wollte die Mutter wissen.

»Wo soll sie schon sein«, maulte Franz, »sie drückt sich am Schlafzimmerfenster die Nase platt, heult und starrt auf die Schneeflocken draußen, in der Hoffnung, daß noch ein Wunder geschieht. Du hast ihr doch immer das Märchen erzählt, daß der Weihnachtsmann nur zu den Familien kommt, hinter deren Fenstern er einen erleuchteten Christbaum sieht. Ohne Christbaum kein Weihnachtsmann, und ohne Weihnachtsmann keine Geschenke, soweit kann sie sogar mit ihren fünf Jahren schon logisch denken.«

»Ich habe versucht, ihr zu erklären, daß der Weihnachtsmann sowieso nur eine Erfindung der Erwachsenen ist«, warf die siebenjährige Elisabeth ein, »aber das ist ihr einfach nicht beizubringen. Richtig angefaucht hat sie mich. Mir ist das natürlich egal mit dem Weihnachtsbaum, ich bin ja schon groß«, sagte sie tapfer, denn immerhin ging sie schon in die erste Klasse, konnte aber nicht verhindern, daß ihre Stimme dabei zitterte.

»Wir stellen ein paar Kerzen auf, dann wird es auch

gemütlich«, versuchte die Mutter ihre enttäuschte Kinderschar zu trösten. Im Stillen war sie selbst bitter enttäuscht. Der Nachbar Anton hatte fest versprochen, wie in jedem Jahr einen Baum aus dem eigenen kleinen Forst vorbeizubringen, und bisher war auf ihn immer Verlaß gewesen. Die Christbäume waren besonders teuer in diesem Jahr und seit der Vater vor zwei Jahren gestorben war, mußte man sparen, wo man nur konnte. Ob sie noch einmal schnell hinüberlaufen sollte? Aber Betteln war auch nicht ihre Sache. Zudem war es bereits dunkel, und wenn er keinen Baum mehr hatte, konnte er jetzt auch nicht mehr in den Wald hochfahren und einen für sie schlagen. Sie konnte aber auch die Enttäuschung der Kinder verstehen. Ohne den Glanz eines geschmückten Christbaums war eben doch nicht richtig Weihnachten.

Franz hatte inzwischen damit angefangen den Tisch zu decken. »Ich verstehe dieses ganze Getue um Weihnachten sowieso nicht, daß ist doch alles nur eine Show für kleine Kinder.« Mit seinen fast dreizehn Jahren tat er vor allem den jüngeren Geschwistern gegenüber gern so, als sei er schon erwachsen. Ein sonderlich glückliches Gesicht machte er aber auch nicht bei dieser Bemerkung.

Die Mutter war gerade wieder in der Küche verschwunden, als es klingelte. Wie auf Kommando standen mit einem Schlag alle Kinder an der Tür; die kleine Brigitte mußte die Treppen vom Schlafzimmer hinunter zum Eingang geflogen sein.

»Du meine Güte, ist das ein Wetter draußen.« Beglückender können die Stimmen der himmlischen Heerscharen einst in Bethlehem auch nicht geklungen haben als die rauhe Stimme von Nachbar Anton, der den strahlenden Kindern einen riesengroßen Weihnachtsbaum entgegenstreckte. »Tut mir leid, daß es etwas später geworden ist, aber wir sind im Wald oben im Schnee stecken geblieben. Jetzt macht aber schnell einen schönen Christbaum daraus, damit der Weihnachtsmann euch nicht vergißt«, lachte er. »Gruß an eure Mutter.« Und schon war er wieder verschwunden.

»Ein Baum, ein Baum, hurra, wir haben einen Weihnachtsbaum«, jubelten die Kinder und schleiften glücklich die lange Fichte hinter sich her ins Wohnzimmer. Ihrem Übermut wäre dabei fast die wertvolle chinesische Vase zum Opfer gefallen, ein Erbstück von der Großmutter, der einzig wertvolle Gegenstand im Haus. »Paß doch auf«, rief Elisabeth, aber ihr Bruder hörte die mahnenden Worte schon nicht mehr. In Windeseile war er die Kellertreppe hinabgestürzt, um die Säge zu holen. Der Baum war eindeutig zu lang, so konnte man ihn nicht in den Ständer bringen. Er taxierte die Höhe des Wohnzimmers, dann die Länge des Baums, und schon bewegte sich das Sägeblatt im Stamm. Es galt jetzt keine Zeit mehr zu verlieren, wenn der Baum bis zum Essen mit Kugeln und Kerzen geschmückt sein sollte. Krachend brach der untere Teil des Baums zu Boden. Doch was die Kinder dann erblickten, ließ ihnen erneut die Tränen in die Augen steigen.

»Tannenbaum light«, sagte Franz trocken. Von Baum konnte man angesichts dieses Überbleibsels überhaupt nicht mehr reden, das war ein Strunk mit ein paar Ästen dran. »Das läßt sich auch mit Kugeln und Lametta nicht mehr ausgleichen.« Jetzt war selbst Elisabeth den Tränen nahe.

»Laß mich mal machen.« Franz fühlte in sich die Verantwortung wachsen, seinen kleinen Schwestern einen prachtvollen Weihnachtsbaum zu bescheren. »Hol mir mal schnell Vaters Bohrmaschine aus dem Keller, und dann nimm die Kleine und beschäftige sie mit irgendwas.« Je älter er wurde, um so mehr neigte er auch dazu, seine jüngeren Schwestern herumzukommandieren.

Jetzt aber war Elisabeth nicht nach Protest und Streit zumute. Schließlich stand hier das Weihnachtsfest auf dem Spiel, auf das man sich schon so lange gefreut hatte. »Was hast du vor?« fragte sie neugierig.

»Ich schneide von dem unteren Ende, das ich abgesägt habe, ein paar Zweige ab, bohre oben dann ein paar Löcher und stecke die Zweige dort hinein.«

»Kannst du denn mit Vaters Bohrmaschine umgehen?« fragte Elisabeth zweifelnd.

»Na klar, Männer können so etwas«, erwiderte Franz selbstsicher. Wem hätte es in dieser Situation etwas genützt, wenn er zugegeben hätte, daß er die Bohrmaschine noch nie in Händen gehabt hatte. »Schnell, dreh' die Weihnachtsmusik laut, damit Mutter nichts hört«, befahl er der Siebenjährigen noch einmal, die auch dieses Mal aufgeregt tat, was er sagte, ohne zu widersprechen.

»Kinder, müßt ihr das Radio denn so laut stellen?« rief die Mutter.

Elisabeth sauste in die Küche und versuchte, sie abzulenken. »Ach, Mama, wir freuen uns doch so, daß wir jetzt einen so schönen Baum haben, laß doch, kann ich dir noch was helfen?« Solch freiwilliges Hilfsangebot kam selten vor, aber die Mutter argwöhnte nichts.

»Ist es denn ein schöner Baum?« fragte sie.

»Der schönste, den wir je hatten«, log Elisabeth in blindem Vertrauen auf die technischen Begabungen ihres Bruders. »Dann ist es ja gut, hier, du kannst die Sauce noch ein wenig rühren.«

In der Zwischenzeit hatte Franz es tatsächlich fertig gebracht, die Bohrmaschine in Gang zu setzen. Ausgerechnet bei den Klängen von»Stille Nacht« brummte die Maschine los. Aber in der Küche hatte man offenbar nichts gehört. Nun schnell noch etwas weiter oben ein zweites Loch. Immerhin war der heilige Josef selbst Zimmermann von Beruf gewesen und hatte demnach sein Leben lang mit Holz hantiert, da konnte man am Heiligen Abend auch einen Christbaum neu zusammenbasteln, beruhigte Franz sein schlechtes Gewissen und summte leise »Josef, lieber Josef mein« vor sich hin. Der Mutter hätte es nicht gefallen, wenn sie gesehen hätte, daß er mit der großen Bohrmaschine des Vaters hantierte. »Zwei Löcher noch, dann schnell die Zweige hinein.« Auch das gelang. Jetzt noch die Kugeln, die Kerzen.

Brigitte war wieder aufgetaucht, mit einem seligen Blick in den noch verweinten Augen. Sie war schon eifrig dabei, die im Kindergarten gebastelten Papierketten an den unteren Ästen anzubringen. Da sie in ihrem Eifer dabei etwas ungestüm vorging, erwies es sich als günstig, daß diese Zweige echt waren.

Franz war gerade dabei, die Kerzen anzuzünden, als die Mutter mit dem gefüllten Truthahn in die Stube trat. Fast wäre sie dabei über das Verlängerungskabel gestolpert, das Franz vergessen hatte wegzuräumen. Mit dem Blick auf den erleuchteten Christbaum und in die strahlenden Gesichter der Kinder entgingen ihr allerdings die sichtbaren Spuren des vorangegangenen Abenteuers im Wohnzimmer, die Franz mit dem flüchtigen Hinweis »Ich bin gleich wieder da« noch schnell hinter der Kellertreppe verschwinden ließ.

Es wurde ein gelungenes Weihnachtsfest. Auch der Weihnachtsmann, hinter dessen Maske sich Onkel Hannes verbarg, erschien nach dem Essen und vollendete das Glück der Kinder, zumal er genau die Dinge in seinem großen Weihnachtsmannsack hatte, die sich die drei am meisten gewünscht hatten.

»Siehst du«, lachte die kleine Brigitte ihre ältere Schwester aus, »wie dumm du bist. Es gibt doch einen Weihnachtsmann, und er kommt immer dann, wenn die Kerzen am Christbaum brennen!« Für sie war Weihnachten gerettet und die Welt wieder in Ordnung. Für die beiden älteren Geschwister entstand in den nächsten Tagen aber eine neue Sorge. Wenn die Zweige in den gebohrten Löchern nur nicht trocken würden. Immerhin mußte der Baum bis Mariä Lichtmeß stehen bleiben, das war der zweite Februar. Sonst würde die Mutter vielleicht doch noch etwas von der heimlichen Christbaumrettungsaktion merken. Jeden Tag, wenn sie einkaufen gegangen war, testete eines der beiden älteren Geschwister mit einem Stoßgebet gen Himmel die Nadelfestigkeit der Zweige, goß den Baum und sprengte zusätzlich ein wenig Wasser über die eingesteckten Zweige. Ganz offensichtlich waren alle Heiligen auf Seiten der Kinder, denn der Baum hielt sich tapfer bis zum Ende der Weihnachtszeit.

Als Mariä Lichtmeß vorüber war und Kerzenhalter und Kugeln bis zum nächsten Fest wieder in Kartons verpackt auf dem Boden verschwanden, meinte die Mutter: »Jetzt will ich doch schnell zum Nachbarn Anton hinüberlaufen und ihm die Flasche Wein bringen, die wir noch im Keller hatten, als Dankeschön für den Tannenbaum. Ihr müßt zugeben Kinder, so einen schönen Christbaum wie in diesem Jahr hatten wir noch nie!«

Licht auf deinem Weg

WEIHNACHTEN
wirft sein Licht voraus
in das neue Jahr.
Weil sich die Zeit
erfüllt hat,
wird dir die Zukunft
voller Segen
begegnen.

Im Stall

RUHE WAR EINGEKEHRT im Stall von Bethlehem. Das Jesuskind hatte sich müde geschrien, und auch Maria und Josef waren nach all den Strapazen auf dem Stroh eingenickt.

Der Stern strahlte hell an dem dunklen Himmel und verkündete mit seinem Leuchten, daß etwas Wunderbares geschehen war in dieser dunklen Nacht.

Nur Ochs und Esel waren noch wach. »Iah!« sagte der Esel. Das sagte er immer, wenn ihm nichts Besseres einfiel.

»Sei doch still«, brummte der Ochse, »du weckst mit deinem ewigen ›Iah!‹ ja noch das Kind auf.«

»Ich bin hungrig«, sagte der Esel. »Was ist denn das für eine neue Mode, daß die Menschen jetzt schon ihre neugeborenen Kinder in unsere Futterkrippe legen. An uns Tiere denken sie überhaupt nicht mehr, Iah!« wieherte er.

»Das ist doch nicht irgendein Kind, das da liegt«, erwiderte der Ochse, »das ist Gottes Sohn, der da in Windeln gewickelt in unserer Krippe liegt.«

»Was du wieder redest«, antwortete der Esel und schüttelte sich. Ihm war kalt, denn das beste Stroh diente Maria und Josef als Ruhestatt. »Woher willst du das denn wissen?« fragte er dann aber doch neugierig.

»Das haben die Engel doch vorhin gesungen, als sie auf dem Feld den Hirten erschienen sind.«

»Was sind denn das für Tiere, fressen die auch Heu?« Der Esel war mit einem Mal wieder hell wach.

»Du bist aber wirklich ein Esel«, der Ochse war sicht-

lich ungehalten. »Engel erscheinen immer dann, wenn
Gott den Menschen eine neue Hoffnung für ihr Leben
schenkt.«
»Woher weißt du das denn?« fragte der Esel ungeduldig.
»Das weiß doch jedes Rindvieh«, erwiderte der Ochse
verächtlich. »Du bist und bleibst eben ein Esel.«
Daß er einige Jahre im Joch des Rabbiners Ibrahim gelegen und da einiges von den Gesprächen zwischen
Pharisäern und Schriftgelehrten aufgeschnappt hatte,
verriet er nicht. »Und was haben diese Enkel da vorhin
gesungen?« wollte der Esel wissen.
»Engel heißt das, nicht Enkel«, berichtigte der Ochse.
»Was die gesungen haben? Hast du denn nicht zugehört? Deine Ohren sind doch eigentlich groß genug
zum Lauschen. Sonst schnappst du damit doch immer
gerade das auf, was du eigentlich gar nicht hören
sollst.«
»Jetzt hör doch mal endlich mit deinem blasierten Gerede auf und sag schon, was diese Egel …«
»Engel, kannst du dir denn das noch immer nicht merken?«
»Also gut, was diese Bengel da den Hirten erzählt haben, daß die hier gleich alle angelaufen kamen und unser schönes weiches Stroh niedertrampeln mußten?«
»Also gut«, sagte der Ochse, denn er hatte eigentlich
einen gutmütigen Charakter, »ich will es für dich alten
Esel noch einmal wiederholen. Ich habe es mir nämlich
Wort für Wort gemerkt.« Ganz konnte er es nie lassen,
seine Überlegenheit seinem Stallgefährten gegenüber
auszuspielen. »Fürchtet euch nicht, siehe, ich verkündige euch eine große Freude, die allem Volk widerfah-

ren wird, denn euch ist heute der Heiland geboren, welcher ist Christus, der Herr in der Stadt Davids. Und das habt zum Zeichen. Ihr werdet finden das Kind in Windeln gewickelt und in einer Krippe liegen.«

»So einen langen Satz kannst du dir merken?« Der Esel war sichtlich beeindruckt.

»Später, als noch mehr Engel dazugekommen waren, ging es sogar noch weiter.« Es gefiel dem Ochsen, wenn der Esel ihn bewunderte. »Dann haben sie noch gesungen: Ehre sei Gott in der Höhe und Friede auf Erden den Menschen seines Wohlgefallens.«

»Klingt gut, Iah!« gab der Esel von sich. Vor lauter Aufregung über all die spannenden Neuigkeiten war ihm inzwischen warm geworden. »Und dieses Kind Gottes liegt jetzt in unserer Krippe?« So ganz konnte er noch gar nicht begreifen, was da geschehen war.

Eine Weile war es still im Stall. Der Ochse war kurz vor dem Einschlafen, als der Esel noch einmal anfing: »Wieso wird denn nur den Menschen Frieden verkündet, und daß sie sich freuen sollen?« wollte er jetzt wissen. »Zumal wir Tiere hier im Stall die Leidtragenden sind«, setzte er unter erneutem Hinweis auf seinen leeren Magen hinzu. »Wenn Gott schon alle seine Sängerknaben« – er vermied absichtlich das Wort Engel, weil er immer noch nicht wußte, wie es richtig ausgesprochen wurde – »also diese Bürschlein mit dem Licht über dem Kopf, bei der Kälte nachts auf das Feld schickt und der Welt, wie du vorhin gesagt hast, eine neue Hoffnung für ihr Leben verkündet wird, warum gilt die dann nur den Menschen und nicht zugleich uns Tieren?« fragte er nachdenklich.

Der Ochse fühlte sich sichtlich geschmeichelt, daß der Esel etwas von dem behalten hatte, was er ihm erzählt hatte, stellte sich aber schlafend, weil er auf diese Frage auch keine Antwort wußte. Das war schlimm, aber noch schlimmer war, daß der Esel im Grunde genommen Recht hatte. Das war noch nie der Fall gewesen. Warum hatten die Engel nicht gesungen: Frieden für Mensch und Tier?

»He, du, sag schon, du tust doch sonst immer so, als ob du alles weißt«, wieherte der Esel und stapfte ungeduldig von einem Bein auf das andere, »ich weiß, daß du noch nicht schläfst, denn du hast noch gar nicht geschnarcht«, setzte er spitz hinzu.

»Ach, weißt du«, antwortete der Ochse, der die kurze Gesprächspause zum Nachdenken genutzt hatte, »das ist doch ganz einfach. Wenn die Menschen sich wirklich von Herzen freuen und glücklich und zufrieden sind mit dem, was sie sind und was sie haben, und miteinander in Frieden leben, dann werden sie auch zu uns Tieren gut sein. Das ist doch logisch, oder?« Er war stolz darauf, daß ihm so eine plausible Erklärung eingefallen war. Ja, so mußte es sein.

»Dann brauche ich nie wieder den elenden langen, steinigen Weg den Berg hinaufzulaufen, beladen mit Säcken, die so schwer sind wie die Steine an der Zisterne, bist du ganz sicher?« frohlockte der Esel.

»Nein, nie wieder«, antwortete der Ochse unsicher.

»Und nie wieder wird ein Peitschenhieb auf meiner Eselshaut niedergehen?«

»Nie wieder«, antwortete der Ochse erneut.

Dicke Freudentränen kullerten aus den großen grauen Augen des Esels. »Dafür gebe ich gern heute Nacht meine Krippe und mein Stroh her.« Er schüttelte sich, jetzt nicht mehr vor Kälte, sondern vor Glück.

»*Unsere* Krippe und *unser* Stroh«, berichtigte ihn der Ochse. »Und ich müßte nie mehr die schweren Karren ziehen und mich nicht mehr fürchten, daß meine Kinder oder ich im Suppentopf landen«, träumte er halblaut vor sich hin.

»Was für eine wunderbare Nacht ist das heute«, flüsterte der Esel ergriffen, »wie so ein paar Engel«, er brachte das schwierige Wort jetzt sogar richtig über die Lippen, »das ganze Leben eines alten Esels mit einem Schlage verändern können.«

Sag mir, wo Bethlehem ist

BETHLEHEM
ist überall da,
wo unter Leid und Schmerzen
neues Leben
geboren wird
und Hoffnung
das Licht der Welt
erblickt.
Bethlehem
ist überall dort,
wo Liebe Raum
und Zärtlichkeit
Herberge findet,
wo die Zeit
dir nicht mehr
davonläuft,
sondern sich
erfüllt.
Bethlehem
ist überall dort,
wo sich in der Verborgenheit
das Wunder der Menschwerdung
vollzieht
und der Heiland geboren wird
in dir,
wo du heil wirst
an Leib
und Seele.

Ein Weihnachtswunder

SIE HATTE SICH DAMIT ABGEFUNDEN, in diesem Jahr den Heiligen Abend allein zu verbringen. Rüdiger, ihr ältester Sohn, hatte über die Feiertage einen Skiurlaub mit seiner Familie geplant. Ihre Tochter Ulrike hatte mehrfach angedeutet, daß zwischen ihrem Mann und ihr in den letzten Monaten Spannungen aufgetreten seien; sie würden sie zwar am Heiligen Abend gern zum Kaffeetrinken holen, wollten aber auch Zeit für sich haben. Irgendwie schien ihr die ganze Herumdruckserei Ulrikes merkwürdig, und so schlug sie auch die Einladung zum Kaffee aus.

Man darf seinen erwachsenen Kindern und ihren Familien nicht zur Last fallen, die wollen und müssen ihr eigenes Leben leben, hatte sie sich tapfer gesagt. Aber es war doch ein merkwürdiges Gefühl, das erste Mal den Heiligen Abend allein zu verbringen. Ihr Mann war vor einigen Jahren gestorben, und seither war sie immer bei einem der Kinder zu Gast gewesen. Sie hatte sich ein paar Tannenzweige vom Markt mitgebracht, die sie liebevoll mit handgearbeitetem Christbaumschmuck behängte, den die Kinder einst in der Schule gebastelt hatten.

Ich werde es mir heute richtig gemütlich machen, sagte sie laut zu sich. Der Duft von Kaffee und Marzipangebackenem durchzog das behaglich eingerichtete Wohnzimmer. Aber als sie die Kerzen auf dem Tisch anzündete und im Radio Weihnachtslieder ertönten, konnte sie doch nicht verhindern, daß ihr weh ums Herz wurde. Sie hatte sich die alten Fotoalben vom

Regal genommen und wollte auf diese Weise mit ihrer Familie zusammensein. Manches Bild aus den Kindheitstagen von Rüdiger und Ulrike brachte sie zum Schmunzeln; wie sie da vor dem Weihnachtsbaum standen und ihr Gedicht aufsagten. Und hier: Ulrike mit der neuen Puppe im Arm, die fast größer war als sie selbst. Aber es war auch viel Schmerz mit der Betrachtung der Bilder verbunden. Wo sind nur all die Jahre geblieben, dachte sie wehmutsvoll.

Das Glockengeläut der benachbarten Kirche übertönte inzwischen die Weihnachtsmusik aus den Lautsprechern. Vielleicht sollte ich doch in die Christvesper gehen, überlegte sie. Ursprünglich hatte sie sich entschieden, den Gottesdienst nicht zu besuchen, aus Angst, daß zu viele Erinnerungen in ihr aufsteigen und ihr das Herz eher schwer als leicht machen könnten. Aber ohne Kirche an Weihnachten fehlt doch etwas, dachte sie und schlüpfte hastig in ihren warmen Kamelhaarmantel. Im gleichen Augenblick klingelte es an ihrer Tür. Sie hielt inne. Wer kann das sein, überlegte sie, ob doch eines von den Kindern sie überraschen wollte? Unsinn, mahnte sie sich selbst zur Vernunft, da wird sich jemand im Klingelknopf geirrt haben. Wieder klingelte es, dieses Mal ausdauernder als das erste Mal. Sie blickte durch den Spion. In der Verzerrung, die diesen Gucklöchern eigen ist, erblickte sie direkt vor ihrer Tür einen ausgewachsenen Weihnachtsmann in rotem Mantel, mit Mütze und Bart. Der will bestimmt nach oben zu den Herrmanns, die Kinder bescheren, ging es ihr durch den Kopf. Aber wieder klingelte er bei ihr. Ein verkleideter Bettler vielleicht, kam es ihr in den Sinn und sie wurde ärgerlich. Nun hatte sie sich gerade aufgerafft, um in die Kirche zu gehen, und jetzt traute sie sich nicht aus der Tür. Man kann ja nie wissen, dachte sie, man hört so viel von Überfällen. Beim vierten Klingeln endlich öffnete sie die Tür vorsichtig hinter der Sicherheitskette.

»Von draußen vom Walde komm ich her«, tönte eine tiefe Stimme von draußen.

Ihr war unbehaglich. »Was wollen Sie?« fragte sie barsch. »Heute ist Weihnachten, hier sind fünf Mark, ich kann Ihnen auch ein Butterbrot anbieten, aber dann gehen Sie«, fügte sie schnell hinzu.

»Aber Hilde, du wirst doch den Weihnachtsmann nicht mit fünf Mark und einem Butterbrot abspeisen wollen«, tönte die dunkle Stimme von draußen.

Woher kannte der ihren Vornamen, der stand doch nicht draußen am Namensschild. »Wer sind Sie und was wollen Sie?« sagte sie sichtlich ungehalten. Die Glocken waren inzwischen verstummt, den Gottesdienst konnte sie vergessen.

»Ja, erkennst du mich denn nicht?« fragte die warme Stimme vor der Tür. Sie überlegte krampfhaft, als der Weihnachtsmann sich Bart und Mütze abnahm und den Mantel auszog.

»Frohe Weihnachten, Hilde, ob du jetzt wohl eine gute Tasse Kaffee für mich hast?«

»Reinhart?!« entfuhr es ihr ungläubig. Sie blickte ihn an, als stünde ein leibhaftiges Gespenst vor ihr. »Wo kommst du denn her?«

»Soll ich dir das wirklich hier im Hausflur erzählen?« Oben hatten Nachbarn schon die Tür aufgemacht, weil sie dachten, da unten hätte sich ein Penner ins Haus geschlichen.

»Nein, nein, komm rein.« Schnell öffnete sie jetzt die Kette. Reinhart, bist du es wirklich?« Sie war sprachlos. »Laß dich anschauen, mein Gott, wie lange ist es her, daß wir uns zuletzt gesehen haben?«

Reinhart war ihre große Jugendliebe gewesen, aber die Eltern hatten ihn, den mittellosen Landwirt, nicht für standesgemäß erachtet und alles daran gesetzt, die Beziehung zwischen ihnen beiden auseinander zu bringen. Bei gesellschaftlichen Veranstaltungen hatten sie sie mit dem Sohn eines gutbetuchten Geschäftsfreundes ihres Vaters zusammengebracht, den sie schließlich, nicht ganz freiwillig, geheiratet hatte. Hilmar und sie hatten viele Jahre miteinander eine leidenschaftslose, aber im großen und ganzen zufriedene Ehe geführt. Er ging mehr und mehr in seiner Geschäftswelt auf, während für sie die beiden Kinder zum Lebensinhalt wurden. Irgendwann einmal hatte sie Rüdiger und Ulrike ihre Lebensgeschichte erzählt, als diese selbst erwachsen waren. Beide hatten tief betroffen reagiert, aber auch Verständnis und eine Art Mitleid mit dem fremdbestimmten Leben ihrer Mutter gezeigt.

In wenigen Augenblicken liefen die letzten vierzig Jahre vor ihrem inneren Auge ab wie ein Film. Reinharts warmherzige Stimme riß sie jäh aus ihren Gedanken heraus: »Willst du mich nicht in das Weihnachtszimmer bitten?« schmunzelte er mit dem Blick in die Richtung, in der er, hinter der halboffenen Tür, die Tannenzweige erspähte.

»Entschuldige bitte, komm!« Sie war völlig durcheinander. »Ich mache uns erst einmal einen Kaffee«, und schon war sie in der Küche verschwunden.

Reinhart zündete in der Zwischenzeit die Kerzen auf dem Wohnzimmertisch an.

»Ich kann dir nicht einmal Kuchen anbieten, außer dem bißchen Gebäck, das auf dem Tisch steht«, entschuldigte sie sich aus der Küche.

»Kuchen wäre auch nicht gut für mich«, erwiderte er lachend mit der Hand auf seinem vorgewölbten Bauch.

»Und überhaupt, ich habe auch zum Nachtessen nicht viel im Haus, ich hatte keine Lust, mir ein großes Weihnachtsessen zu kochen.«

»Jetzt mach dir mal nicht so viele Sorgen ums Essen, erst mal wollen wir den Kaffee genießen. Im Übrigen bin ich als waschechter Weihnachtsmann natürlich nicht mit leeren Händen gekommen. Komm her, Hilde, hier ist genug zu essen.« Er kramte einen Topf Gänseschmalz, eine frische Leberwurst, ein Glas Gurken und einen knusprigen frischen Brotlaib hervor, dazu einige Flaschen dunkles Bier.

Sie wurde rot. »Das hast du nicht vergessen in all den Jahren?«

»Wie könnte ich?« erwiderte er ernst. »Ich habe dieses Bild oft vor Augen gehabt, wenn wir uns auf deiner Bude getroffen haben und ich Schmalz und Leberwurst von Vaters Bauernhof mitgebracht hatte. Wie es dir geschmeckt hat! Einmal hatte ich gespart, um dich an deinem Geburtstag in ein elegantes Restaurant einzuladen, zu Krebsschwänzen und Champagner. Du hast nur gelacht und gesagt: ›Was soll ich denn in so einem edlen Lokal mit rosa Tischdecken und Kronleuchtern an den Decken? Bring von zu Hause Schmalz, Wurst, Brot und Bier mit, laß uns ins Grüne radeln und dort auf einer frischen Wiese

Picknick machen, das wäre das schönste Geschenk für mich.‹«

»Wie alt waren wir da eigentlich?« fragte sie.

»Beide gerade zwanzig«, erwiderte er schnell, um nach einer Pause leise hinzuzufügen: »Heute vor vierzig Jahren wollten wir uns verloben. Ringwechsel unter dem Weihnachtsbaum, davon hattest du immer geträumt.«

»Ja, ich erinnere mich«, sagte sie leise. Ein Anflug von mädchenhafter Röte stieg ihr ins Gesicht. Eine Weile blieb es still im Raum.

»Wie ist es dir ergangen in all den Jahren?« fragte sie zögernd. Und dann kamen sie ins Erzählen, von früher, aber auch von all den Jahren, in denen sie nichts voneinander gehört hatten. Er hatte den kleinen Bauernhof des Vaters geerbt und es mit viel Arbeit und Fleiß mittlerweile auch zu einigem Wohlstand gebracht. Kurz nach ihrer Hochzeit mit dem jungen Unternehmer hatte er sich Hals über Kopf in eine Liebesaffäre gestürzt und das Mädchen geheiratet, als es schwanger war. Das Kind starb bei der Geburt, und die Ehe wurde nach wenigen glücklosen Jahren geschieden. Seither war er in seiner Arbeit aufgegangen.

»Ach, jetzt hätte ich es fast vergessen, ich habe natürlich von daheim noch einen Babyputer mitgebracht, den brate ich uns morgen.« Mit diesen Worten griff er noch einmal in seinen Weihnachtsmannsack und beförderte dabei auch noch eine Flasche Champagner zu Tage. »Den kannst du bitte kalt stellen. Heute wirst du mir auf die Einladung zu einem Gläschen Schampus doch keinen Korb geben?« lachte er.

»Du bleibst morgen noch hier?« fragte sie unsicher.

»Du hast doch sicher ein Gästezimmer.«

»Ja, natürlich, es ist allerdings nicht sonderlich aufgeräumt. Ich konnte ja nicht ahnen, daß du ...« Sie war immer noch verlegen. »Woher wußtest du denn, daß ich heute zu Hause bin«, fragte sie, »ich bin sonst Weihnachten immer bei einem der Kinder gewesen. Dann hättest du da gestanden mit deinen Habseligkeiten.«

»Da habe ich wohl so etwas wie einen siebten Sinn gehabt«, lächelte er. Daß er mit Hilfe einer früheren gemeinsamen Freundin Reinhart und Ulrike ausfindig gemacht, mit ihnen Kontakt aufgenommen, sie ins Vertrauen gezogen und sich mit ihnen abgesprochen hatte, erfuhr sie nie. So war und blieb sein unerwartetes Erscheinen eines jener weihnachtlichen Geheimnisse, von denen viele wohl ihr Leben lang träumen.

Noch lange saßen sie an diesem Abend zusammen, redeten und schwiegen miteinander, hörten Weihnachtsmusik, rückten ein wenig näher zueinander auf dem Sofa, um gemeinsam alte Fotoalben durchzublättern, und prosteten sich zu. Vom Weihnachtsevangelium, das im Radio vorgelesen wurde, blieb bei Hilde nur ein einziger Satz hängen, der sich in ihrem Kopf unermüdlich drehte und wiederholte wie bei einer der alten Schallplatten, die einen Sprung hat: »Heute verkündige ich euch eine große Freude.«

Ein wenig müde, zugleich berauscht vom Champagner und dem unerwarteten Weihnachtswunder lehnte Hilde zu später Stunde ihren Kopf an Reinharts Schulter, gerade so wie früher, als sie sich, irgendwo auf einer sonnigen Bank im Wald, ihre gemeinsame Zukunft ausgemalt hatten, Hand in Hand.

Die Kerzen auf dem Tisch waren längst erloschen und

verliehen dem Raum zusammen mit dem Duft von Tannengrün und Marzipan jenen geheimnisvollen Geruch, der einen von Kindheit an ahnen läßt, daß etwas Wunderbares geschieht in diesen dunklen Stunden, das mit dem Verstand nicht zu fassen ist und das doch das ganze Leben ergreift und verwandelt.

Das Gästezimmer jedenfalls blieb ungenutzt in dieser Heiligen Nacht.

Heilige Nacht

DER TAG NEIGT SICH
seinem Ende entgegen.
Dämmerung umhüllt die Erde,
und tiefer Frieden
zieht in der Stille
über das Land.
Sterne leuchten auf
in klarer Nacht
und laden dich ein,
ihr Leuchten
in deine Seele einzulassen.

Noch einmal zieht
der verflossene Tag
durch deine Gedanken:
was hast du getan,
woran hast du gelitten,
wem hast du Freude gemacht?
Wann hast du dich fremdbestimmen lassen?
Und in welchen Augenblicken
bist du lebendig gewesen
und ganz du selbst?

Und angesichts des Himmelsraumes
lernst du zu trennen zwischen dem,
was alltäglicher Ballast nur,
und dem, was wirklich wichtig ist.
Im Glanz der Sterne
und dem tiefen Frieden,

den sie in deine Seele senken,
nimmst du wahr, wie du verbunden bist
mit dem, was über dir,
und dem, was in dir ist.

Der ganze Weltenraum strömt
in dich ein mit seinem Licht.
Du spürst wie klein
und wie unendlich wichtig
du doch bist
in dieser stillen,
dieser Heiligen Nacht.

Ich habe einen Stern gesehen

ES WAR EIN HEILIGER ABEND, wie er im Buche steht. Der Schnee rieselte leise vom Himmel und verwandelte die Welt in ein weihnachtliches Märchenparadies. Von Ferne läuteten die Glocken zum ersten Gottesdienst. Angesichts dieses stimmungsvollen Wintertages hatten Anne und Joachim am Nachmittag beschlossen, noch einen schönen Spaziergang zu machen. Der Weihnachtsbaum war geschmückt, das Essen für den Abend vorbereitet. So blieb Ruhe und Zeit, durch den Schnee zu stapfen. Und das war gut so. Beim Gehen redet es sich besser, dachte Anne. Die letzten Wochen waren so voller Hektik gewesen, daß sie kaum noch Zeit füreinander gehabt hatten. Beide waren abends müde und häufig auch gereizt gewesen, aber um die Spannungen anzusprechen, hatte ihnen die Ruhe gefehlt.

»Joachim«, sie hakte ihm unterwegs liebevoll unter, »ich muß mit dir reden!«

»Was gibt es denn?« tat er erstaunt.

»Vielleicht liegt es ja an dem Streß der Vorweihnachtszeit, ich weiß ja auch, daß du beruflich stark unter Druck stehst«, entschuldigte sie sich schon fast, »aber ich frage mich manchmal, ob du überhaupt nicht merkst, daß du ständig an mir herummeckerst?«

»Was tue ich? Ich nörgele nicht an dir herum, ich mache dich manchmal auf Dinge aufmerksam, die du nicht zu verstehen scheinst.«

»Du tust gerade so, als ob ich blöd wäre!«

Joachim sah sie mitleidig an. Anne kämpfte mit den Tränen. So hatte sie sich ein offenes Gespräch mit Joachim nicht vorgestellt. Sie wollten im nächsten Sommer heiraten, auch diesbezüglich hatte sie sich von dem gemeinsamen Weihnachtsurlaub die Gelegenheit erhofft, mit ihm gemeinsam einige Probleme, die die beiden Familien betrafen, klären zu können. Aber dazu kam es nicht. Je mehr sie sich von Joachim angegriffen fühlte, umso heftiger wehrte sie sich. Alle möglichen Kränkungen aus der Vergangenheit wurden wieder neu aufgewärmt. Anne war in ihren Vorwürfen Joachim gegenüber auch nicht gerade zimperlich. Beide wurden in der Stille der Landschaft immer lauter. Noch nie hatten sie einen dermaßen heftigen Streit gehabt. Keiner von beiden beachtete die Richtung, in der sie liefen.

»Wo sind wir eigentlich?« Anne blieb abrupt stehen. Mit einem Mal bemerkte sie, daß die Dämmerung hereingebrochen war. »Ich glaube, wir müssen nach rechts«, meinte sie an der nächsten Wegkreuzung.

»Wir müssen nach links abbiegen«, behauptete Joachim mit fester Stimme, »da kommen wir auf die Hauptstraße.« Das wäre ja noch schöner, wenn er die Richtung nicht wüßte. »Du konntest dich doch noch nie orientieren«, lachte er.

Blind vor Tränen trottete sie hinter ihm her. Aber anstatt auf die Hauptstraße zu gelangen, waren sie nach einer halben Stunde im wahrsten Sinne des Wortes auf einem Holzweg gelandet. Da standen sie, frierend, mitten im Wald. Von dem Schnee, der inzwischen immer heftiger fiel, ging jetzt die einzige Helligkeit aus. Es war inzwischen dunkel geworden.

»Was machen wir jetzt?« fragte Anne und lehnte sich an Joachim an. Im Augenblick war die Angst größer als die Wut.

»Das kommt alles nur durch dein Gequatsche«, beschuldigte er sie und stieß sie von sich. Wie stand er jetzt da, als Mann, der nicht mehr wußte, wo es langging. Er konnte sich nicht erinnern, daß jemals einer aus der Familie von Meißen sich verlaufen hatte. Es war einfach lächerlich. »Dann finde du doch eine Lösung, du tust doch immer so schlau«, höhnte er.

Anne sah auf den Boden. Sie zitterte. Sie fror. Sie hatte Hunger. Sie hatten nicht einmal ein paar Bonbons bei sich. Sie hatten ja vor dem Essen nur einen kleinen Spaziergang machen wollen.

Plötzlich faltete sie die Hände, sah zum Himmel empor, der ihr diesen Blick mit einer Schneeflocke auf ihre Nasenspitze dankte, und wurde ganz ruhig.

»Fängst du jetzt an zu beten?« schmunzelte er. Er verließ sich lieber auf Tatsachen als auf den lieben Gott.

»Da oben leuchtet ein Stern«, sagte sie leise, »vielleicht ist es der Weihnachtsstern, der uns wieder nach Hause führt«, fügte sie hinzu, und der uns einander wieder näherbringt so wie früher, dachte sie im Stillen.

»Da oben, an einem Himmel, der von einer dichten Wolkendecke überzogen ist, aus der es unentwegt schneit, sieht meine Freundin einen Stern. Ich sehe ja auch manchmal Sterne, aber frühestens nach sieben Gläsern Glühwein«, lästerte er.

»Ich gehe dem Stern nach«, sagte Anne, »du kannst ja bleiben wo du bist«, fügte sie trotzig hinzu.

Unbeirrt ging Anne geradeaus und bog dann auf einen Weg ab, der bergauf führte. »Auch noch eine Bergtour in der Nacht.« Joachim maulte, mochte Anne aber im Wald auch nicht alleine laufen lassen. Zumal wußte er

ja selbst auch nicht den Weg zurück zu ihrer Ferien-
wohnung.

»Wir brauchen doch nur dem Stern zu folgen«, meinte
Anne. »Es ist wie bei den Heiligen Drei Königen. Die
hatten auch einen Stern gesehen, haben ihre Sachen gepackt und sich auf die Socken nach Bethlehem gemacht. Ohne Gewißheit, was unterwegs passieren
konnte. Ohne sich vorher abzusichern. Sie hörten, daß
in Bethlehem ein neuer König geboren worden war.
Eine neue Hoffnung ist da für sie aufgebrochen. Und
der Stern wies ihnen den Weg, so wie uns jetzt.«

»Du spinnst doch mit deinem religiösen Getue!«

Anne schwieg. Sie war jetzt ganz ruhig. Unbeirrt setzte
sie ihren Weg fort. Die Füße schmerzten, auch der
Hunger quälte sie nach wie vor, und dennoch wurde
sie auf eine wundersame Art mit jedem Schritt innerlich leichter und heiterer. Hinter sich hörte sie Joa-
chims keuchenden Atem. Auch er schwieg jetzt. Sie
hatten sich müde gestritten. Plötzlich blieb Anne stehen, schien ihren Augen fast selbst nicht zu trauen. Sie
stand direkt vor einem Wirtshausschild. Durch die
Fenster drang ein matter Lichtschein. »Wir haben es
geschafft«, jubelte sie.

»Das Wirtshausschild wird vorhin beleuchtet gewesen
sein, das war dein Stern, ha, ha, eine Kneipe als Weihnachtsstern!« Kaum war die Angst gewichen, machte
er sich schon wieder über sie lustig.

»Aber du hast doch vorhin gar nichts gesehen«, gab sie
wütend zurück.

Sie klopften. Eine Frau öffnete die Tür.

»Wir haben heute geschlossen«, sagte sie und sah das
Paar fragend an.

»Wir haben uns verlaufen, bitte lassen sie uns hinein, damit wir uns ein wenig aufwärmen können.«

»Wir wollten gerade essen, kommen Sie, was für vier reicht, reicht auch für sechs«, sagte die Frau freundlich.

»Jetzt setzen Sie sich erst einmal an den warmen Kachelofen, ich bringe Ihnen einen heißen Tee und suche Ihnen etwas zum Anziehen heraus, Sie sind ja ganz durchgeweicht.«

»Aber nun sagen Sie, wie haben Sie uns denn gefunden in der Nacht?« fragte der Mann, als sie beim Essen waren. »Wir hatten doch unser Wirtshausschild heute gar nicht beleuchtet, weil Ruhetag ist.«

Joachim wurde rot, und Anne lächelte. »Ich habe einen Stern gesehen, der mich auf den Weg hierher geführt hat«, erwiderte Anne ruhig.

Jetzt wird die Wirtsfamilie auch gleich spöttisch lächeln, dachte Joachim. Doch zu seiner Überraschung nickte die Frau.

»Das kenne ich«, sagte sie. »Wenn die Dunkelheit unendlich und die Angst am größten ist, dann geht einem plötzlich in der Seele ein Stern auf, der einem die Richtung weist, wo und wie es weitergehen kann, bildlich gesprochen natürlich«, mit diesen Worten lächelte sie den entgeistert dreinschauenden Joachim an. »Da entwickelt man ein Gespür für den richtigen Weg. Mitunter in äußeren Lebensfragen, im Wesentlichen aber wohl bei seelischen Problemen. In ganz alltäglichen Lebenssituationen wird einem mit einem Mal klar, was man tun oder auch aufgeben und hinter sich lassen muß, um vor sich neue Lebensmöglichkeiten und Wege überhaupt wahrzunehmen. Das ist doch Weihnachten«, sagte sie mit einem Blick auf das Jesuskind in der kunst-

voll geschnitzten Krippe, die unter dem Weihnachtsbaum liebevoll aufgebaut war, »daß immer wieder
Hoffnung geboren wird, in jedem von uns. Manchmal
muß man allerdings auch etwas dazu tun, muß mutig
sein, um aufzubrechen und sich loszulösen aus den bis-
herigen festen Lebensvorstellungen und Plänen, damit
man das Neue auch entdecken und gestalten kann.«
Anne sah sie mit großen Augen an.
»Sehen Sie«, sagte die Frau, »mein Mann und ich sind
über Jahre nicht darüber hinweggekommen, daß
unsere kleine Tochter am plötzlichen Kindstod starb.
Danach wurde ich nicht mehr schwanger. Wir hatten
uns unbedingt eigene Kinder gewünscht und waren
nahe daran, zu verbittern. Als meine Freundin und
deren Mann bei einen Unfall ums Leben kamen, war
uns sofort klar, daß wir für ihre Zwillinge sorgen würden, mit allen Konsequenzen. Heute lieben wir die beiden, als wären sie unser eigenes Fleisch und Blut.«
»Wann ist denn endlich Bescherung?« Die beiden leb-
haften Buben zappelten unruhig auf ihren Stühlen
herum und schauten mit sehnsuchtsvollen Blicken auf
die Pakete, die unter dem Weihnachtsbaum glänzten.
»Erst wird gegessen, und schmatzt nicht so«, sagte die
Frau mit leicht tadelnder Stimme, aber einem liebevollen Glanz in den Augen.

Einen Augenblick war es still in der warmen Stube.
Plötzlich sah der Mann auf: »Kenne ich auch, solche
Erlebnisse mit dem Stern«, sagte er leise. Drei Jahre
lang war ich arbeitslos. Mittlerweile hatte ich alle
Hoffnung aufgegeben. Alles Mögliche hatte ich ver-
sucht, um wieder in meiner Branche Fuß zu fassen,

aber vergeblich. Mir ging es furchtbar schlecht in dieser Zeit. Ich fühlte mich als Versager. Die Familie mußte doch von irgendetwas leben. Als die Gastwirtschaft hier zu verpachten war, war es meine Frau, die die Idee hatte, daß wir uns dadurch eine neue Existenz aufbauen könnten. Ich hatte Angst vor den Schulden, die auf uns zukommen würden. Aber meine Frau ließ nicht locker. Sie hat zu mir gehalten in den schweren Jahren. Ihre Liebe und der Mut, den sie an meiner Stelle hatte, haben meine Verzweiflung durchbrochen und mir wieder eine neue Perspektive gegeben. Etwas einsam ist es ja manchmal hier oben, wenn man die Stadt gewöhnt war, aber wir kommen gut zurecht und haben unseren Frieden wiedergefunden.«

Sternstunden sind Augenblicke, in denen einem klar wird, wie das Leben weitergehen soll, dachte Anne. In dieser Nacht auf dem Weg durch die Dunkelheit war ihr so vieles klar geworden. Daß sie sich von Joachim trennen mußte. Zu oft hatte er sie klein gemacht, gedemütigt. Daß sie ihren Arbeitsplatz aufgeben und doch noch ihr Abitur nachholen wollte. Warum hatte sie sich immer einreden lassen, zu dumm dazu zu sein? Sie würde es schaffen! Sie würde ihr Leben ganz neu anpacken. Schon lange hatte sie sich, trotz der Erschöpfung nach dem weiten Weg in dunkler Nacht, nicht mehr so voller Lebensenergie gefühlt wie heute.

»Weihnachten ist dort, wo neue Hoffnung geboren wird und das Leben wieder eine neue Perspektive gewinnt«, hatten die Wirtsleute gesagt. Dann ist heute wirklich Weihnachten in mir, dachte sie und schnitt sich hungrig noch ein großes Stück von dem knusprigen Braten auf dem Tisch ab.

Stern-Zeichen

STERN-ZEICHEN,
Leuchtspur
in der Nacht,
daß Hoffnungsschimmer
leise glänzen,
wo alle Wege einst
verfinstert waren.
Weihnachts-Stern,
Zeichen,
daß auch deine Seele,
von einem Lichtstrahl
zart berührt,
heut' um das große Wunder
von versöhntem Leben weiß.

Das Wunder der hellen Nächte

ES WAR STILL GEWORDEN IN BETHLEHEM. Die Engel hatten sich nach langen Jubelchören leise zurückgezogen, um das neugeborene Kind schlafen zu lassen. Die Hirten waren, noch ganz erregt von den himmlischen Ereignissen, zu ihren Herden zurückgekehrt, um überall von dem Wunder zu erzählen, das sie erleuchtet und so tief berührt hatte, daß sie noch gar nicht recht wußten, was ihnen eigentlich widerfahren war. Aufgeregt unterhielten sie sich über das Erlebte, und wo immer ihnen jemand zu später Stunde über den Weg lief, deuteten sie auf den Himmel und wiesen ihn mit Hilfe des Sterns zum Ursprung ihrer noch so schwer zu fassenden Freude.

Nur einer unter ihnen war ganz still unterwegs und verlor kein Wort. Wie betäubt war er von dem Jubel der Engel und dem hellen Schein, der das Kind umgab und in seinem Herzen einen Glanz hinterlassen hatte, der schon fast weh tat. Tränen rannen über sein Gesicht und lösten, ohne daß er es selbst richtig merkte, Mauern in seiner Seele auf, die er im Laufe der Jahre in der Einsamkeit seines Hirtenlebens aus Kummer und Enttäuschung aufgebaut hatte, zum Schutz für sich selbst. So stolperte er halb blind und benommen den anderen hinterher. Wie konnten die nur so gesprächig sein, so viel ausplaudern von dem Geheimnis, das sie erfahren hatten. Er wollte das Wunder für sich bewahren, es in seinem Herzen verschließen. In seiner armseligen Hütte angekommen, warf er sich auf sein Lager und träumte den wundersamen Abend noch tausendmal nach.

Plötzlich richtete er sich auf. »Wozu liege ich hier herum?« fragte er sich, raffte alle seine Habseligkeiten zusammen und verstaute sie in einem großen Sack. »Alles will ich bringen, alles geben und schenken, um das Wunder noch einmal zu erleben, allein für mich, jetzt, wo die anderen fort sind.« So machte er sich, todmüde zwar, aber glücklich über seinen Beschluß, erneut auf zum Stall.

Der Stern leuchtete so hell, daß er seinen Weg nicht verfehlen konnte. Leise schob er sich in den Stall, der zum Raum des Wunders geworden war. Josef hatte sich auf das Stroh gekauert und war, völlig übermüdet von den sich überstürzenden Ereignissen, eingeschlafen. Und Maria, gezeichnet von den Anstrengungen der Geburt, aber doch mit einem glücklichen Lächeln auf dem erschöpften Gesicht, war auch eingenickt. Andächtig sank der Hirte vor dem Kind, das von himmlischem Leuchten umgeben war, auf die Knie.

»Ich habe alles, aber auch alles, was ich habe, gebracht, alles will ich dir schenken«, stammelte er und schüttete voller Liebe seine Gaben vor dem Kind aus. Er war selig, diesen Augenblick mit dem Kind allein zu haben und das Wunder nicht teilen zu müssen mit all den anderen, die sich bei Anbruch der Nacht hier versammelt hatten.

Es wurde schon Morgen, als er sich endlich aufraffte, den Stall zu verlassen und nach Hause zurückzukehren. Zu müde war er nach der durchwachten Nacht, um sich zu seiner Herde zu begeben und die alltägliche Mühsal wieder zu beginnen.

»Zu kostbar ist das Wunder, als daß ich es mir durch das Geblöke der Schafe da draußen zerstören lassen will«, dachte er und verschlief den Tag in seiner Hütte. »Wenn ich das Wunder doch noch einmal erleben könnte«, träumte er vor sich hin, »was würde ich dafür geben!« Aber er hatte dem Kind schon alles gebracht, was er besaß. »Ein Tier von meiner Herde will ich noch bringen«, besann er sich, »das schönste, weißeste, wolligste Schaf«. Wiederum schlich er sich des Nachts zu dem Kind, das Wunder in seine in langen Jahren so verwundete Seele aufzusaugen – und so wiederholte es sich Nacht um Nacht.

Mit einer ihm selbst an sich neu entdeckten Phantasie ersann er immer neue Geschenke, schor seine Schafe, webte Decken und Teppiche für das Kind, verkaufte Tiere und erwarb neue Kostbarkeiten, die ihm helfen sollten, das Wunder immer wieder zu erneuern und zu bestätigen. Anstatt in seinen Alltag zurückzukehren und andere teilhaben zu lassen an dem, was sein Herz so wundersam schmerzhaft berührt hatte und so viel Neues in ihm aufbrechen ließ, vernachlässigte er seine Arbeit, gab auf, was ihm anvertraut war, verkaufte alles, was er hatte, um Geschenke zu erwerben, mit denen er das Kind erfreuen und sich selbst das Wunder der Heiligen Nacht erhalten wollte. Einen anderen Lebensinhalt kannte er bald nicht mehr.

Wieder einmal war es soweit: bei Dunkelheit schlich er mit all seinen Kostbarkeiten zum Stall, um die Augenblicke in sich aufzusaugen, für die allein er noch lebte. In seinem blinden Eifer hatte er gar nicht bemerkt, daß der Stern nicht mehr über dem Stall leuchtete. Wie an jedem Abend schlich er sich leise zur Krippe; doch war der Stall bisher von einem heimlichen Leuchten erfüllt und erwärmt gewesen, so war es heute dunkel und kalt.

Es dauerte eine Weile, bis der Hirte begriff: das Kind war fort, das Wunder verbraucht. Ihm wurde schwindlig, schluchzend warf er sich auf die Erde. Mit dem Glanz der Nacht war ihm genommen, was sein Leben erfüllt hatte; alles erschien ihm sinnlos und leer. Er wollte den Stall, bis gestern noch Ort seiner Glückseligkeit, der sich für ihn jetzt zum Raum tiefster seelischer Verletzung verwandelt hatte, fluchtartig verlassen, als er stolperte. Er versuchte, die Ursache des Sturzes aus dem Weg zu räumen und tastete auf dem Boden umher: ein Fell fühlte er unter seinen Fingern, Decken und Gefäße. Indem er all diese Dinge im Dunkeln betastete, begriff er: sie hatten seine Geschenke zurückgelassen, sei es, weil die Flucht so schnell gehen mußte, oder weil sie nichts damit anfangen konnten.

Vor Schmerz wie benommen stürzte er zu Boden. Am liebsten ganz in der Erde versinken, niemals mehr erwachen müssen, wozu noch weiterleben, wo das Wunder entschwunden, der Sinn entstellt, das Leben entleert war. Halb blind vor Schmerz raffte er alle seine einst dargebrachten Liebesgaben in einen Sack und rannte hinaus.

»Hinterher muß ich«, durchfuhr es ihn, »vielleicht brauchen sie mich, und ich bin nicht zur Stelle«. Er rannte so schnell, wie es seine Kräfte zuließen, aber je schneller er rannte, desto elender fühlte er sich, je mehr er versuchte, das Wunder einzuholen, desto weiter war es von seiner Seele entfernt. »Ich werde sie nicht mehr erreichen«, dachte er, »ich werde es nicht mehr zu fassen kriegen, das Wunder.«

Schluchzend sank er unter einen Baum, hundeelend war ihm zumute. Was sollte er mit den Geschenken machen? Behalten? Sie würden ihn jeden Tag daran erinnern, daß all seine Liebesgaben letztendlich verschmäht worden waren. Wegwerfen, irgendwohin, in den Graben? Dann hätte er ein Stück von sich selbst in den Müll geworfen. Hilflos und ratlos taumelte er weiter, bis er schließlich bei den anderen Hirten ankam. Verwundert sahen sie ihn an, denn er hatte sich seit der wundersamen Nacht nur dann und wann blicken lassen, um ein Lämmlein zu schlachten oder zu verkaufen.

»Du siehst müde aus«, sagte er zu einem älteren Hirten, »geh, leg dich schlafen, heute hüte ich deine Schafe.«

Der Alte sah ihn erstaunt an. Noch nie hatte der andere seine Hilfe angeboten, war immer ein Einzelgänger gewesen. Er war aber doch dankbar für die unerwartete Hilfe. So bringe ich wenigstens den Rest der Nacht und den nächsten Tag herum, dachte der Hirte. Doch in der Tiefe seines verwundeten Herzens fühlte er leise Spuren von Freude. Der Alte war nicht mehr ganz gesund und hatte es wirklich nötig, sich auszuruhen. Wie dankbar der ihn angeschaut hatte. Der konnte sicher auch die warme Decke gebrauchen, die im Stall liegengeblieben war. Irgendetwas wehrte sich in ihm, dieses kostbare Geschenk, das er mit so viel Liebe hergestellt hatte, herzugeben, aber dem Alten würde die Decke jetzt sicher gut tun.

Langsam überwand er seine inneren Widerstände, und so gab er nach und nach alles her, was er dem Kind gebracht hatte: Spielzeug für die Kinder, Gefäße und Schmuck für die Frauen, Felle und Decken für die Männer, die in den kalten Nächten draußen bei den

Herden sein mußten. Er fragte dabei nicht mehr danach, was ihm das an Dankbarkeit einbringen konnte, sondern überlegte bei jedem Stück lange, wer es am besten gebrauchen und sich am meisten darüber freuen könnte, er bedachte bei jedem, dem er etwas geben wollte, wo dessen Not lag, und wie er sie lindern könne.

Unmerklich ging bei all diesem Schenken ein inneres Leuchten von ihm aus, das auf die Beschenkten überging und sie so auch von innen her bereicherte. Als der Sack sich leerte und er am Ende mit seinen Habseligkeiten war, spürte er im Inneren eine ähnlich tiefe Freude wie in jener Heiligen Nacht, als ihn das Wunder berührt hatte. Er begriff, daß sein Wunder der hellen Nächte nicht entschwunden war, sondern sich in ihm, wenn auch unter unendlichen Schmerzen, verwandelte und sich durch ihn und in ihm lebendig erhielt.

Ich will an deine Krippe kommen

ICH WILL an deine Krippe kommen:
mit all meiner Angst
und meiner Zerrissenheit,
mit meiner Schuld
und meinen Schmerzen,
mit meiner Unruhe
und meiner ungestillten Sehnsucht.
Das Licht des Engels
will ich in mich einströmen lassen
und sein »Fürchte dich nicht«
wird meine Angst im Keime ersticken.
Die heilenden Kräfte
mögen meine Schmerzen abklingen lassen
und meine Wunden verschließen.
Die Strahlenkraft des Sterns
wird meinen Weg erleuchten
und mich zur Mitte allen Lebens führen,
wo meine Hoffnung neu geboren wird
und alle Zukunft
in versöhntem Licht erscheint.

Stern in dunkler Nacht

IN EINER der dunkelsten Nächte
strahlt am Himmel ein Stern auf,
der neue Wege erahnen läßt.
Menschen, müde geworden und starr
in ihrer alltäglichen Mühsal,
werden bewegt aufzubrechen
und der Hoffnung nachzuspüren,
die in ihrer Mitte geboren wird.
Beschwingt und beflügelt wagen sie,
sich auf Neues einzulassen.
Es ist, als habe ein Engel
sie sanft berührt.

Unterwegs nach Bethlehem

MELCHIOR GÄHNTE und rieb sich die Augen. Die Sonne stand schon hoch am Himmel, als er sich endlich von seinem Lager erhob. »Hast du auch den hellen Stern gesehen heute Nacht?« fragte er Ali, seinen Diener.

»Mit Verlaub, ich habe die ganze Nacht geschlafen, mein Herr, aber vielleicht mögt Ihr mir von dem Stern erzählen, der Euch die Nachtruhe gekostet hat.«

»Der ganze Himmel hat geleuchtet«, berichtete Melchior, »ich habe alle meine astrologischen Bücher durchgesehen. So eine Himmelserscheinung hat es noch nie gegeben. Aber einen Hinweis habe ich gefunden, daß ein Komet im Westen aufgeht und das ganze Firmament in ein einziges Funkeln und Leuchten versetzen wird, wenn in Israel ein neuer König geboren wird. Es muß ein ganz besonderer König sein, denn in meinen Büchern steht geschrieben, daß er der Welt den Frieden bringen wird, ein für alle Mal. Hier, hier steht es, soll ich es Euch einmal vorlesen?« Aufgeregt suchte er auf dem alten Pergament nach der entscheidenden Stelle.

»Wollt Ihr nicht erst einmal eine Schale mit Tee zu Euch nehmen und ein wenig frühstücken?«

»Ja doch, und wenn Ihr meine Kleider hingelegt habt, dann seid so gut und reitet hinüber zu Kaspar, Balthasar und Achmed. Ich bin gespannt, ob die drei die sonderbare Himmelserscheinung auch so deuten wie ich.« Nächtelang hatten die vier Sterndeuter schon zusammen die Sternbilder studiert. Ihre gemeinsamen Studien hatten sie zu Freunden gemacht. Melchior bekam vor Aufregung keinen Bissen herunter. Er wollte sich gerade wieder seinen Büchern widmen, als sein Diener schon wieder hereingestürzt kam.

»Sie sind schon von sich aus gekommen und lassen fragen, ob sie gleich zu Euch hereinkommen dürfen«, meldete Ali, »sie reden auch von dem wundersamen Stern in der vergangenen Nacht.«

»Ja, bitte, lasse sie herein und bringe für die drei auch noch etwas Tee.«

»Es steht außer Zweifel, daß dieser Stern das Zeichen ist, das den neuen König ankündigt.« Achmed, Balthasar und Kaspar hatten keinerlei Zweifel. »Wir sollten möglichst bald aufbrechen, um dem neugeborenen König unsere Aufwartung zu machen.«

Plötzlich ging alles sehr schnell. Die Karawane wurde zusammengestellt, nur die kostbarsten Kamele wurden für die Reise ausgewählt. Schließlich wollte man bei Hofe einen guten Eindruck hinterlassen. Auch über die Geschenke wurde man sich rasch einig. Natürlich mußte man Gold mitnehmen, um den Reichtum des neuen Herrschers zu vermehren. Kostbarer Weihrauch sollte ihn mit wundervollen Düften umgeben, um sein Wohlbefinden zu steigern und ihn vor bösen Geistern zu bewahren. Edles Salböl sollte zeigen, daß sie ihm, den neuen Herrscher, mit Demut und Ehrfurcht begegnen und seine hoheitliche Würde anerkennen würden. Und Myrrhe durfte natürlich nicht fehlen, als Mittel gegen Krankheit und Schmerz sollte es dem neugeborenen König zeigen, daß man ihm Gesundheit und ein langes Leben wünschte.

Ali hatte schon die edelsten Gewänder herausgesucht.

»Den purpurnen Seidenmantel will ich tragen, wenn wir den Hof betreten«, meinte Melchior.

Auch die drei anderen wählten ihre feinsten Gewänder für die Reise. In der kommenden Nacht schien der Stern noch heller zu leuchten als zuvor. Die vier legten ihre Reiseroute fest, schliefen ein wenig, rüsteten sich aber gleich nach Sonnenaufgang für den Aufbruch. Die Kamele wurden mit Wasserschläuchen und Körben mit Proviant beladen, und die Reise konnte beginnen.

»Die haben es aber wirklich eilig.« Ali sah der Karawane mit der Hand über den Augen nach, bis sie seinen Blicken entschwunden war.

Die vier waren bester Stimmung. Sie genossen den warmen Tag, machten bisweilen Rast, um die Tiere zu tränken und sich selbst zu stärken und fanden am Abend ein behagliches Quartier für die Nacht. Doch kaum hatten sie in der Gaststube Platz genommen, da stürzte ein kleiner Junge herein, barfuß, die Kleider viel zu groß und zerrissen. Bevor der Wirt ihn hinauswerfen konnte, hatte er sich schon am Tisch der Fremden aufgebaut und streckte ihnen seine kleine, schmutzige Hand entgegen. »Die Leute hier sagen, daß Ihr von edler Herkunft seid, Ihr seid doch sicher reich. Meine Mutter liegt in den Wehen, sie hat so schreckliche Schmerzen, und wir haben kein Geld für Medizin. Bitte, helft mir!« flehte er. Dicke Tränen kullerten über sein Gesicht und tropften direkt vor Kaspar auf die Tischplatte. Der Anblick konnte Steine erweichen, geschweige denn Kaspars Herz.

»Ein wenig Myrrhe könnte man ihm geben, der neugeborene König wird nicht merken, daß eine Handvoll fehlt«, meinte dieser. Er war als Kind wegen seiner dunklen Hautfarbe so oft von anderen Kindern gehänselt worden und hatte darüber so viele Tränen vergossen, daß er den Anblick weinender Kinder einfach nicht ertragen konnte. »Alles Gute für deine Mutter, mein Junge«, brummte er noch, doch der Kleine war schon auf und davon. Der Abend verlief dann ohne weitere Zwischenfälle. Der kühle Wein, den der Wirt im Krug brachte, schmeckte ihnen, und sie legten sich bald zur Ruhe.

Doch am nächsten Morgen, als die vier gerade ihre Kamele besteigen wollten, war der Junge wieder da. »Es ist ein Mädchen«, rief er schon von weitem, »es war eine schwere Geburt, ich mußte mitten in der Nacht die Hebamme holen, aber wir haben kein Geld, sie zu bezahlen. Wir haben nur zwei Hühner, wenn wir ihr die geben, haben wir keine Eier mehr. Hier, ich verkaufe euch ein Ei, frisch gelegt heute früh.« Ein verschmitztes Grinsen ging über sein Gesicht.

»Jetzt bist du dran, Melchior, gib ihm eine Goldmünze, der neugeborene König wird es nicht merken, wenn ein wenig Gold im Beutel fehlt.«

»Ein Stück Gold für ein neugeborenes Kind«, sagte Melchior und öffnete bereitwillig seinen Beutel, »aber das Ei kochst du deiner Mutter zur Stärkung.« Ihm selbst waren Kinder versagt geblieben, was ihm über viele Jahre schwer zu schaffen gemacht hatte. »Grüß dein kleines Schwesterchen von mir«, meinte er zu dem Jungen, »ist es denn hübsch?«

»Ein bißchen verschrumpelt wie eine alte Orange, wenn Sie mich fragen, mein Herr, aber habt besten Dank auch.« Schon war der Kleine hinter der Hecke verschwunden.

Der helle Himmel kündete einen freundlichen Tag an, und die vier waren wieder rundum guter Laune. Mittags machten sie Rast in der Nähe eines kleinen Dorfes, nahmen Schafskäse, Fladenbrot und einige Oliven zu sich, tranken etwas Wein dazu und legten sich in den Schatten einer Zypresse, um ein kleines Schläfchen zu halten, als sie das Geschrei einer Frau aufschreckte.

»Man hat mir meine Ziege gestohlen, man hat mir meine Ziege gestohlen«, rief sie verzweifelt, »jetzt habe ich nichts, was ich verkaufen kann, ich bitte Euch, Ihr Herren, gebt mir etwas, das ich zum Markt tragen kann. Wenn ich ohne einen Denar nach Hause komme und meinem Mann kein Geld für das Wirtshaus geben kann, schlägt er mich tot.«

»Sind die Preise für Weihrauch gut hier in der Gegend?« erkundigte sich Balthasar.

»Für Weihrauch kommen die Reichen von weither, mein Herr, es gibt wenig in diesem Jahr, man kann ihn teuer verkaufen«, erwiderte die Frau.

»Dann nimm ein Schälchen voll, aber paß gut darauf auf, damit er dir nicht wieder unterwegs von jemandem abgenommen wird«, mahnte der Alte gütig. Balthasar war der Älteste unter den vieren, und er gab stets gern etwas von dem her, was er hatte. »Auf die letzte Reise kann ich sowieso weder Gold noch Edelsteine mitnehmen«, meinte er dann immer fast entschuldigend.

Achmed hielt sich während all dieser Szenen mit den Einheimischen merkwürdig still im Hintergrund, protestierte aber auch nicht.

»Das nächste Mal bist du dran, etwas abzugeben«, lächelte Balthasar. Achmed schwieg. Doch es dauerte nicht lange, als sich ihnen ein Bettler in den Weg stellte, das Gesicht und die Arme waren mit eiternden Wunden bedeckt, deutliche Spuren von Aussatz.

»Habt Erbarmen, meine Herren, habt Erbarmen, ich habe Hunger und Durst.«

Widerwillig rückte Achmed ein Stück trocken gewordenes Fladenbrot aus dem Proviantkorb heraus und goß einen Schluck Wasser in den Becher, den ihm der Kranke mit zitternden Händen entgegenstreckte.

»Ich danke Euch, mein Herr«, der Alte verbeugte sich umständlich, »aber habt die Güte und gebt mir etwas, das ich im Heiligtum opfern kann. Ich habe nicht mehr lange zu leben und möchte die Götter vor meinem Tod gnädig stimmen.«

»Los, Achmed«, drängten die anderen drei, »wir haben alle etwas abgegeben.«

»Wie stehe ich dann am Königshof da?« Der junge Sterndeuter warf seinen Kopf stolz zurück. »Wenn wir hier jedem von dem Gesindel etwas von unseren Schätzen geben, dann kommen wir mit leeren Beuteln in Jerusalem an.«

Alles Drängen und Zureden der drei Freunde half nicht. Balthasar war es schließlich, der dem Bettler noch etwas Weihrauch in die krummen Finger drückte. Er konnte aufgrund seines Alters die Sehnsucht des Kranken nach einem Sterben in Frieden mit Gott und sich selbst am besten verstehen.

»Wenn das so weitergeht, habt ihr bald keine Geschenke mehr für den neuen König in Israel. Wie sollen wir ihm dann unsere Aufwartung machen?« Achmed war wütend. Insgeheim träumte er in seinem jugendlichen Ehrgeiz von einer einflußreichen Stellung als Sterndeuter am Jerusalemer Hof.

Und es ging so weiter. Wo sie auch hinkamen, begegneten ihnen Menschen, die in äußerster Armut lebten, zerlumpte Kinder, Alte und Kranke, die niemanden hatten, der für sie sorgte.

»Ich habe überhaupt nicht gewußt, wieviel Elend es überall gibt«, sagte Melchior betroffen.

»Wir sind ja auch nie über die Gärten unserer eigenen wohlhabenden Häuser hinausgekommen«, stimmte Kaspar zu.

»Ein Leben lang haben wir an den Himmel zu den Sternen hinaufgesehen, aber nie einen Blick gehabt für die Menschen, die nicht weit von uns leben.« Balthasar war tief erschüttert von all dem Jammer, der ihnen während der Reise begegnete.

Als die vier die Stadttore Jerusalems erreichten, hatte sich Achmeds Prophezeiung erfüllt. Die drei hatten ihre Geschenke für den neugeborenen König unterwegs restlos verteilt, selbst ihre kostbaren Gewänder und ihre besten Kamele hatten sie verkauft oder verschenkt, um die Not derer, die sie um Hilfe anflehten, zu lindern. Ihr äußeres Erscheinungsbild glich inzwischen nahezu denen, die sie auf ihrer Reise beschenkt hatten. Nur Achmed, der seine Schätze bis zuletzt sorgsam gehütet hatte, sah man noch an, daß er edler und wohlhabender Herkunft war.

Es war nicht schwer, den Hof von König Herodes zu finden. Doch bevor Balthasar, als der Älteste unter ihnen bei Anbruch der Reise zu ihrem Sprecher ernannt, auch nur den Mund aufgemacht hatte, traten ihnen schon die Palastwachen entgegen: »Der König will hier kein Bettelpack sehen, schert euch davon!«

»Wir wollten doch nur dem neugeborenen König … «

Doch weiter kam Balthasar nicht. Einige der Wachen packten die drei, die wie versteinert vor dem Palastportal standen, am Arm und zogen sie fort. Nur Achmed, der jetzt so tat, als kenne er seine Freunde nicht, wurde der Zutritt zum Hofe gewährt.

»Jetzt haben wir die weite Reise vergeblich gemacht.« Kaspar war den Tränen nahe.

»Komm, wir gehen aus der Stadt hinaus und schlafen erst einmal. Dann können wir überlegen, was wir jetzt machen wollen.« Dieses Mal war es Melchior, der versuchte, Ruhe zu bewahren.

Sie fanden einen Olivenhain, an dem sie ihr Nachtlager bereiteten. Geld für ein Wirtshaus hatten sie keines mehr. Die Nacht war kühl und klar. Kaspar war der erste, der trotz aller Niedergeschlagenheit zum Himmel blickte. »Der Stern«, rief er und zupfte Balthasar am Ärmel, der schon fast eingeschlafen war, »der Stern, er steht gar nicht über dem Haus des Herodes, wir sind, wie es aussieht, noch nicht an unserem Ziel angelangt«, frohlockte er.

»Tatsächlich, du hast Recht.« Kaspar war mit einem Mal auch hellwach. »Gleich nach Mitternacht brechen wir auf, damit wir den Weg nicht verfehlen.«

Der Weg war steinig und schwer begehbar, dazu in der Dunkelheit oft kaum auszumachen. Das eine Kamel, das ihnen noch geblieben war, trug ihre wenigen Habseligkeiten.

»Bald haben wir es geschafft«, rief Balthasar und drehte sich hoffnungsfroh zu seinen Freunden um. Im gleichen Augenblick schrie er auf. Er war einen Augenblick unachtsam gewesen, ausgerutscht und in eine Dornenhecke gestürzt. Melchior riß sich ein

Stück Tuch von seinem Hemd und versuchte damit, die blutenden Wunden notdürftig zu verbinden. An ein Weitergehen war vorerst nicht zu denken. Erst am Morgen setzten sich die drei wieder langsam in Bewegung.

Es war schon fast Mittag, als sie Bethlehem erreichten. Die Sonne stach unerbittlich und von einem Stern war natürlich zu dieser Tageszeit nichts zu sehen. Sie fanden einen Brunnen, an dem sie ihren Durst löschen und sich notdürftig etwas reinigen konnten. Erst am Abend erstrahlte der Komet so hell, daß sie fast geblendet wurden.

»Ich habe hier weit und breit keinen Palast gesehen«, meinte Kaspar, wo kann hier ein König geboren worden sein?«

»Wir folgen unserem Stern«, bestimmte Balthasar.

Und da standen sie, drei ärmlich anmutende, abgerissene Gestalten, in der anbrechenden Nacht, am Stall von Bethlehem.

»Hier, im Viehstall, unmöglich«, meinte Melchior.

»Aber der wundersame Komet steht genau über dem Stall, es kann kein Irrtum sein.« Balthasar war richtig aufgeregt.

»Laßt uns doch einfach hineingehen und nachschauen«, schlug Kaspar vor.

Plötzlich hörten sie ein Kind schreien.

»Ein Neugeborenes ist da jedenfalls«, stimmte Melchior Kaspar zu.

Als sie den Stall betraten, waren sie von einem unbeschreiblichen Glanz umhüllt, der ihnen schlichtweg die Sprache verschlug. Irgendeine Macht, die stärker war als sie selbst, zwang sie in die Knie. Sie vernahmen eine Stimme, die aus der Krippe, in der das Kind strampelte, zu kommen schien.

Sie sprach zu ihnen: »Ihr habt eine lange Reise hinter Euch, ich freue mich, daß Ihr gekommen seid.«

»Kaspar war sich nicht sicher, ob er durch die Hitze, die Anstrengungen der Reise und den mittlerweile quälenden Hunger inzwischen an Sinnestäuschungen litt, doch die anderen schienen die Stimme auch gehört zu haben.

So antwortete er mit klarer Stimme: »Wir kommen aus dem Morgenland, wir haben den Stern gesehen und sind ihm gefolgt, um den neugeborenen König zu grüßen.«

»Wir hatten wunderbare Geschenke für Euch«, entschuldigte sich Melchior bei dem Kind, »aber … «

Er wollte gerade von den Abenteuern der Reise berichten, als die drei wieder die wundersame Stimme vernahmen: »Ich danke Euch für Eure Geschenke. Liebe, Güte und Barmherzigkeit sind die kostbarsten Gaben, die Ihr mir bringen konntet. Durch sie zeichnen sich nur die wahren Weisen und Könige aus. Noch in zweitausend Jahren wird man Euch als die Könige und Weisen aus dem Morgenland preisen, deren Herz die Not der Armen näher war als das Trachten nach Ehre und Ruhm.«

Dann war es still. Die drei Männer schauten sich verwundert an. Tief berührt knieten sie noch eine Weile vor dem Kind, das jetzt schlief. Ihr Herz war mit einem Mal von heller Freude und heiterem Vertrauen in die Zukunft erfüllt. Hier, in der Fremde, in der Begegnung mit dem göttlichen Kind, hatte alles Fragen und Suchen, das sie ein Leben lang umgetrieben und an fer-

nen Himmeln nach Wegweisungen hatte forschen lassen, ein Ende, hier hatten sie selbst Heimat gefunden.
Daß der tiefe Frieden, der sie erfüllte, wie ein Leuchten
von ihnen ausging, spürten sie nicht.

Erst als sie den Stall still verlassen hatten und sich auf
dem Feld zur Ruhe legen wollten, hörten sie, wie einer
der Hirten einem anderen zuraunte: »Schau nur da
drüben, die drei Männer dort. Wenn die sich nicht hier
auf das Feld zum Schlafen legen würden, könnte man
meinen, es seien Heilige oder Könige in ihrem hellen
Glanz.«

Von Achmed hörten sie nie wieder etwas. Seine Begegnung mit Herodes soll nicht sehr glücklich verlaufen
sein. Man wollte am Hof von einem neugeborenen
König nichts wissen und hatte ihn unverzüglich des
Palastes verwiesen. Seine Hoffnung, dort eine Anstel-
lung als Sterndeuter zu finden, erfüllte sich demnach
nicht. Als er am nächsten Abend auf die Zeichen des
Himmels wartete, hielt er vergeblich nach dem Stern
Ausschau, der die vier Freunde zu ihrem Aufbruch bewegt hatte. Seine Hartherzigkeit und Selbstsucht hatten ihn blind dafür gemacht, das Licht wahrzunehmen,
das ihn zum Ziel seiner Lebensreise hätte führen können.

Frieden

FRIEDEN, FRIEDEN will ich rufen,

daß der Stern von Bethlehem
nicht nur vor zweitausend Jahren,
als die Weisen aus dem Morgenland
in dem Stall und an der Krippe waren,
Dunkelheit mit seinem Licht erhellt,

sondern daß die Waffen heute schweigen
und kein Mensch mehr um Gewalt und Hunger weiß,
daß die Mächtigen sich vor den Schwachen neigen,
und es endlich Frieden wird in dieser Welt,
der für alle Zeiten hält.

Frieden, Frieden will ich rufen,

daß der Stern auch heute
in dir aufgeht und mit hellem Licht
deine Angst und Trauer, Schmerz und Schuld
ein für allemal durchbricht
und jetzt ruhen kann, was gestern war,

daß sich deine Sehnsucht endlich stillt
und sich auf geheimnisvolle Weise
in der Zukunft auch dein Lebenstraum erfüllt.
Deine Wünsche werden wahr:
so gesegnet sei dein neues Jahr.